Tourism Seminar

관광학 세미나

관광·항공 발전방안

김 병 헌 저

백산출판사

머리말

우리나라는 항공운송서비스 규모에서 세계적인 굴지의 대국으로 성장하였고, 관광분야에서도 내국인의 국제 관광객 및 외국인 입국자 규모에서도 연간 3000만 명을 상회하는 기록적인 성장을 시현하고 있습니다. 제2차 세계대전 이후 대부분의 국가들은 관광산업이 국민경제에 크게 기여하며, 국민의 삶의 질 향상에도 중요한 국가적인 산업으로 인식하여, 이에 대한 육성발전 전략을 추진하고 있습니다.

우리나라의 경우에도 1988년 서울올림픽을 기점으로 하여, 국가 관광정책기관인 문화체육관광부와 NTO(한국관광공사) 및 국책연구기관은 물론 관련 학계와 산업계의 관광산업 발전에 대한 관심과 연구가 크게 증가하고 있습니다. 그럼에도 불구하고 아직은 관광에 대한 우리나라 국가사회 전반의 인식 부족 문제와 함께 국내의 연구가 활성화 수준에 이르지 못하고 있는 실정입니다.

현대사회에서 중요한 서비스산업의 하나로 관광산업은 그 파급효과가 크기 때문에 이의 육성을 국가적인 과제로 추진하고 있습니다. 관광 현상은 사회복지적 차원인 국민행복과 국가경제 기여라는 관점에서도 중요한 국가 정책적 과제입니다. 외국인 내방객의 경제적 효과와 관광활성화에 따른 고용 창출효과 등이 관광이 주는 긍정적 효과라 할 것입니다.

관광발전에 대한 국가적인 많은 관심과 노력이 있어 왔으며, 대학들에서도 관련 학과가 개설되어 관광 전문 인력을 양성하고 있습니다. "관광현상"은 국제적으로 1930년대에 관광활동에 대한 연구에 이어, 세계대전 이후 이에 대한 학문적 토대가 형성되어 "관광학"으로 발전하게 되었습니다. 대학에서 관광원론(관광학 개론)과 다양한 관광 각론에 대한 교재가 개발되어 활용되고 있습니다. 관광학을 연구하는 대학의 고학년이나 대학원 석 · 박사 과정에서 관광에 대한 다양한 주제를 학습하는 관광연구 내지 관광세미나에서 활용할 수 있는 교재 개발이 필요한 시점입니다.

이에 본서는 관광관련 다양한 주제에 대한 연구와 세미나, 토론회, 공청회 등을 위한 참고적 화두를 제공하고자 합니다. 그간 관광 관련 산업 현장과 관광 학계에서 발표한 다양한 논문과 세미나 등의 자료를 모아 관광연구세미나 자료로 활용할 수 있게 하였습니다.

제1편에서는 연구세미나 주제로 관광 거버난스, 관광과 항공 정책, 관광과 인터넷, e-서비스의 고객 수용, 마케팅 등을 제시하고, 주제에 대한 연구 논문을 수록하였습니다.

제2편에서는 관광, 관광산업, 관광교육, 항공 등의 주제에 대한 실제 세미나, 토론회, 공청회 등에서 발표한 자료를 수록하였습니다.

근래에 항공 정책과 관광정책의 상호 연계성에 대한 국제적인 관심이 증가하고 있습니다. 이에 국내 대학 학생들과 산업계의 관련 분야 종사자에 대한 본 주제에 관련한 연구 세미나를 위한 기본적 주제를 제공하고자 합니다. 아울러, 항공 및 관광 관련 각종 주제에 대한 세미나, 토론회, 공청회 등의 실무적 자료 제공에 의한 관련 부문 논의 활성화를 통한 항공 · 관광산업발전에 기여하고자 합니다.

2016년 1월

김 병 헌

목차

제 1 편

관광 연구 세미나 주제 7

제 2 편

관광 · 항공 세미나 실제 157

– 세미나, 토론회, 공청회

[항공]

제 1 편

관광 연구 세미나 주제

01. 관광 거버난스

– 관광 진흥을 위한 주요국가 관광 거버난스 비교 연구

02. 관광과 항공정책

– 관광 및 항공 정책의 상호 작용과 연계성에 대한 연구

03. 관광과 인터넷

– 인터넷 발전과 유통구조 변화(항공여행 유통을 중심으로)

04. e-서비스의 고객수용

– UTAUT모형을 이용한 항공사 e-서비스의 고객수용과 이용행태에 대한 연구

05. 마케팅

– 항공사 마케팅 방향(고객만족 지향의 마케팅)

01

관광 거버난스

관광 진흥을 위한 주요국가 관광 거버난스 비교 연구

관광 진흥을 위한 주요국가 관광 거버난스(Governance) 비교 연구

김병헌*

A Comparative Study on the Major Countries' Tourism Governances for Enhancing Tourism

Byung Hun Kim*

국문초록

관광산업은 연 6~7% 내외의 강력한 발전추세로 세계 경제 및 산업에서 가장 활력이 있는 신흥 산업으로 부상하였다. 교통수단과 숙박시설의 획기적인 발달 등 관광 인프라의 신장에 의한 대중관광시대의 도래로 관광은 인류사회의 주요 생활방식 및 사회경제활동으로 인식되고 있다. 관광산업은 전통적인 서비스 산업에서 국민경제의 신성장산업으로 발전하고 있으며, 단순한 관광여행 형태에서 관광, 여가, 상업, 전시, 연수 등 나 기능 복합형 관광으로 발전하고 있어 국가적인 전략 산업으로 육성이 필요하다.

관광산업은 경제적 수준과 정치사회적 환경여건에 따라 이에 대한 국가정책의 기조가 변화해 왔으며, 관광정책을 입안하고, 집행하는 그 과정과 구조 또한 사회문화적인 환경의 지배를 받게 된다. 따라서 관광진흥을 위한 국가 전략을 효과적이고 효율적으로 추진하기 위한 관광 거버난스는 중요한 과제가 되고 있다. 이를 전담하는 중앙정부의 조직과 운용을 어떻게 할 것인가에서 부터 중앙정부 유관 부처 및 지방정부 유관기관과의 관계 설정과 조율은 물론 관련 산업의 협조에 이르기 까지 다양한 주제를 포괄하는 문제가 된다.

우리나라의 경우에도 2012년도 연간 내국인의 해외관광객이 1,300여만 명, 외국인의 국내방문객이 1,100여만 명이 되어 관광 대국의 일원으로 급신장하고 있다. 관광산업은 그 규모와 성장 추세 및 국가경제에 대한 기여도와 고용기여율 등에서 중요한 산업이며, 일자리 창출이 신정부의 중요한 과제가 되고 있다. 이에 주요국의 관광 거버난스 비교연구를 통하여 국내의 능률적인 관광 거버난스 구축 방안을 모색한다.

주제어: 관광, 거버난스, 관광 거버난스, 국가관광기관과 기구

* 한국관광대학교 관광경영과 교수, bhunkimkr@daum.net

* 본 논문은 한국관광진흥학회의 관광진흥연구 제1권 제1호(2013년 12월)에서 전재합니다.

관광 진흥을 위한 주요국가 관광 거버난스Governance 비교 연구

A Comparative Study on the Major Countries' Tourism Governances for Enhancing Tourism

김병헌(한국관광대학)

▪ 국문초록 ▪

관광산업은 연 6~7% 내외의 강력한 발전추세로 세계 경제 및 산업에서 가장 활력이 있는 신흥 산업으로 부상하였다. 교통수단과 숙박시설의 획기적인 발달 등 관광 인프라의 신장에 의한 대중관광시대의 도래로 관광은 인류사회의 주요 생활방식 및 사회경제활동으로 인식되고 있다. 관광산업은 전통적인 서비스 산업에서 국민경제의 신성장산업으로 발전하고 있으며, 단순한 관광여행 형태에서 관광, 여가, 상업, 전시, 연수 등 다 기능 복합형 관광으로 발전하고 있어 국가적인 전략 산업으로 육성이 필요하다.

관광산업은 경제적 수준과 정치사회적 환경여건에 따라 이에 대한 국가정책의 기조가 변화해 왔으며, 관광정책을 입안하고, 집행하는 그 과정과 구조 또한 사회문화적인 환경의 지배를 받게 된다. 따라서 관광진흥을 위한 국가 전략을 효과적이고 효율적으로 추진하기 위한 관광 거버난스는 중요한 과제가 되고 있다. 이를 전담하는 중앙정부의 조직과 운용을 어떻게 할 것인가에서 부터 중앙정부 유관 부처 및 지방정부 유관기관과의 관계 설정과 조율은 물론 관련 산업의 협조에 이르기 까지 다양한 주제를 포괄하는 문제가 된다.

우리나라의 경우에도 2012년도 연간 내국인의 해외관광객이 1,300여만 명, 외국인의 국내방문객이 1,100여만 명이 되어 관광 대국의 일원으로 급신장하고 있다. 관광산업은 그 규모와 성장 추세 및 국가경제에 대한 기여도와 고용기여율 등에서 중요한 산업이며, 일자리 창출이 신정부의 중요한 과제가 되고 있다. 이에 주요국의 관광 거버난스 비교연구를 통하여 국내의 능률적인 관광 거번난스 구축 방안을 모색한다.

주제어_ 관광, 거버난스, 관광 거버난스, 국가관광기관과 기구

▪ Abstract ▪

Tourism industry grows 6~7% annually and comes up to the most new vibrant industry in the world economy. Tourism is now recognized as one of the main living trends or the social economic activities, which leads to mass-tourism era due to the rapid development of tourism infrastructure such as transportation and accommodation facilities. Tourism industry is developing from the traditional service industry or the simple tour type to the new complexity tourism which includes tourism, leisure, business trip, exposition, training etc. Therefore it needs to be facilitated as the national strategic industry.

The national tourism policy planning and implementation has been influenced by the economic level and socio-political environment. Tourism governance is one of the most important tasks in the pursuit of the national strategy for the efficient and effective tourism enhancement. It will be necessary to build and operate the national body which takes charge of tourism and establishes relationship and cooperation level not only among the central government organizations but also the local government bodies and related industry cooperation.

We can say that Korea is becoming one of the biggest tourism countries in the world, Korean national outbound travelers reached over 13,000,000 and foreigners' inbound tourists exceeded 11,000,000 in 2012. Tourism industry is also important in the scale, the growth trends and the contribution to the national economy and the employment contribution rate. It also contributes to the job creation that is one of the major tasks of the Korean new government. This comparative study is focusing on the major trends in tourism organizations and ways to the effective deployment of the tourism organization structure to cope with various needs.

Key Words_ tourism, governance, tourism governance, NTA, NTO

1. 거버난스(Governance)의 의미와 유형

전통적인 정부모형은 조직운영원리로 관료제를 기반으로 하며, 관료제는 단일한 기능적 목표를 수행하기 위한 조직체로서 현대사회의 행정환경 변화에 의한 다양한 사회적 가치를 추구하는 데에 한계를 노출하였다. 근래에는 관료제의 도구적 합리성과 함께 실제적인 합리성을 증진하기 위한 제도적 방안의 모색으로, 거버난스 개념이 대두하게 되었다.

거버난스는 신공공관리론에서 중시되는 개념으로 '국가경영(국가경영체계)' 또는 '공공경영'으로 번역하며, 근래에 행정을 '거버난스' 개념으로 보는 견해가 확산되고 있다. 거버난스는 지역사회에서 국제조직에 까지 제반 공공조직에 의한 행정서비스 체계의 다양한 기능에 중점을 둔 복합적인 개념이며, 통치나 지배 보다 경영의 의미가 크다. 이는 정부와 준정부, 반관반민, 비영리 등의 조직이 수행하는 공공활동, 즉 공공서비스 공급체계를 구성하는 다원적 조직체계 내지 네트워크 상호작용 패턴으로서 인간의 집단적 활동으로 파악할 수 있다(김규정, 1999).

거버난스는 일반적으로 기존의 행정 이외에 통치를 위한 제도 · 방법 · 도구는 물론, 민간기업 및 시민단체를 포함하는 시민과 정부의 관계 및 국가의 역할까지 포함하는 개념으로 이해되고 있다. 거버난스, 국정운영의 개념은 오늘날의 행정이 시장화 · 분권화 · 네트워크화 · 기업화 · 국제화를 지향함에 따라, 종래의 집권적 관료구조에 바탕을 둔 전통적 행정을 대체하는 개념으로 사용되고 있다(이철수 외, 2009).

거버넌스는 '국가행정행위 및 방식'으로 '다원적 주체' 간의 상호작용 방식을 의미한다. 세계은행(World Bank)에서는 거버난스를 국가 내 권위(authority)가 행사되는 전통(tradition)과 제도(institutions)로서 파악하고 다음의 요소들이 포함되어야 한다고 언급하고 있다. 첫째, 정부가 선출(selected), 관찰(monitored), 교체(replaced)되는 과정(the process). 둘째, 질 높은 정책(sound policies)을 효과적으로 형성(formulate)하고 집행(implement)하는 정부의 역량(the capacity). 셋째, 시민과 국가 간의 경제적, 사회적 상호작용을 규정(govern)하는 제도에 대한 시민(citizens)과 국가(the state)의 존중(the respect) 등의 요소가 내포되어야 한다는 것이다(The World Bank,2010).

결론적으로 거버난스란 국가의 제반 업무를 관리하기 위해 권한을 행사하는 체계 및 방식을 의미한다. 거버난스에 대한 개념정의도 다양한 만큼 이의 유형에 대해서도 합의된 형태는 존재하지 않으며, 그 유형에 대한 주요 학자들의 연구에 대해 다음과 같이 살펴본다.

거버난스 개념의 태동이 전통적인 정부모형인 관료제 등의 형태로는 현대사회의 정부 및 행정에 대한 대내외적 욕구충족과 수요 환경변화에 적절하게 대응하기 어려워 이의 극복을 위한 대안모색의 일환으로 출발하였음을 부인하기 어렵다. 관료제의 특성인 독점, 계층제, 영속성, 내부규제 등으로 대표되는 전통적인 정부모형은 국가행정의 기능과 역할기대가 복잡다기한 현대사회의 시대요구에 부응하기 어렵게 되었다. 이에 대한 바람직한 대안적인 성격으로 등장한 개념으로 거버난스이며, 학자에 따라 다양한 모형이 제시되고 있다.

거버난스 형태에 대해, 피터스(Peters)는 시장모형(market model), 참여모형(participatory model), 유연모형(flexibility model), 규제완화모형(deregulation model)을 제안하였다(Perters, B.G., 1996). 로즈(Rhodes)는 시장모형(market model), 계층제모형(hierachical model), 네트워모형(network model)을 제의하였다(Rhodes, R., 1999). 피터스와 피에르(Peters & Pierre)는 국가와 시민사회 상호중심성을 기준으로 다음과 같이 5가지 유형을 제안하였다(Peters, G. & Pierre, J., 2005).

피터스와 피에르의 거버난스 5가지 형태

구분	국가통제 모형	자유 민주주의모형	국가중심 조합주의모형	사회중심 조합주의모형	자기조정 네트워크모형
중심역할	국가	국가 (사회영향)	국가조합	사회조합	사회
행위자 관계	국가지배권	사회활동 인정	국가중심 사회관계	사회적관계	자기조정
문제해결방식	국가통제	정부통치	국가중심 상호작용	사회중심 상호작용	정부 없는 거버난스

첫째, 국가통제모형은 정부가 모든 거버넌스 측면에서 가장 중요한 행위자이고, 사회적 행위자에 대한 지배권을 가지게 되고 사회로부터의 영향에서 자유롭다는 가장 극단적인 국가주의 모형이다. 둘째, 자유민주주의 모형은 다양한 형태의 사회행위자들이 국가에 영향을 미치기 위해 경쟁하지만 이들 중 최종 선택할 수 있는 정책적 권리는 국가에게 있다는 모형이다. 셋째, 국가중심 조합주의 모형은 국가가 정치과정의 중심에 있지만, 사회적 행위자들과 관련되어 제도화되고 국가-사회 상호작용이 많이 강조되는 모형으로 중심성이 사회 방향으로 약간 이동한 모형이다. 넷째, 사회중심 조합주의 모형은 국정운영

에 있어 다수의 사회적 행위자들에 크게 의존하게 된다. 사회는 더 강력한 행위자가 되며, 사회적 네트워크가 중심이 되며 정부는 사회적 관련에서 하나의 구성요소로서의 역할을 수행한다. 다섯째, 자기조정 네트워크 모형은 순수 사회중심형 거버넌스 모형이다. 개별 행위자들이 자신의 이익을 위한 자기조정 거버넌스를 창조하며, 국정운영 중심이 완전히 사회 방향으로 이동한 형태이다.

쿠이만(Kooiman, 2003)은 국가와 사회 간의 중심성을 기준으로 자치적 거버난스(self-governance), 협력적 거버난스(co-governance), 계층적 거버난스(hierarchical governance)를 제의하였다.

구분	자치적 거버난스	협력적 거버난스	계층적 거버난스
중심역할	사회	국가・사회	국가
행위자 관계	상호작용	상호협력	하향적
문제해결방식	자기조직적 네트워	민관 협력	조정.통제

학자들이 언급한 다양한 유형의 거버난스는 전통적인 국가통제모형에서부터 상호작용 정도와 중심적 기능 주체 등의 요소에 따라 형태를 구분하여 제시하였다. 그러므로 사회적 성숙도와 환경에 따라 거버난스가 정책현장에서 실무적으로 다양한 구조로 사용되고 있다. 국가 행정 시스템으로 거론되는 '바람직한 거버난스'란 국가사회 환경여건, 정책목표, 우선순위 등에 따라 다를 수밖에 없다. 국제기구 입장에서의 바람직한 거버난스란 국가의 자원배분을 투명하고, 공정하고, 책임성 있게 처리하는 정부의 운영능력으로 정의된다. 정책 거버난스(policy governance)는 정책 분야에서 사회문제를 해결하기 위해 형성된 거버난스를 의미하며, 현재까지 정형화된 형태는 없으며, 다양한 형태가 모색되고 있다.

관광 거버난스에서의 거버난스 개념은 현대적 정부모형 형태이다. 관료제로 설명되는 전통적인 정부모형과는 대비되며, 자기조정 네트워 모형과 같은 극단적인 형태의 뉴 거버난스와도 구별한다. 쿠이만(Kooiman, 2003)의 협력적 거버난스가 일반적으로 수용되는 관광 거버난스이며, 의사소통적, 상호 협력적, 민관 협력적 공동관리 등이 중요한 과제가 되고 있다.

거버난스는 국정관리체계의 새로운 운영제도이며 체계로서 거버난스 구축을 위한 정부의 핵심역량에 대해 골드스미스와 케틀(Goldsmith and Kettle, 2009)은 다음의 8가지 요소를 제안하였다.

거버난스 구축을 위한 정부의 핵심역량

핵심역량	정부의 역할
파트너 구성 (partner making)	관련 당사자와 네트웍 형성하고 조직 간의 경계초월 협력도출
영향과 협상 (influencing and negotiating)	참여자 설득, 공감대 도출 및 상호이익 추구
인간관계 기술 (interpersonal skills)	파트너 요구와 감정 고려 존중 및 배려
창의와 혁신 (creativity and innovation)	새로운 통찰력 개발 혁신적인 해결책 제시
외부환경인지 (external awareness)	국내외 정책환경 파악 중장기 계획 수립
기업가 정신 (entrepreneurship)	새로운 서비스 전달방법 개척 및 신사업 실행력
문제해결 (problem solving)	사회문제 확인 분석 및 구체적 해결안 제시
갈등관리 (conflict resolution)	긍정적이고 건설적 방식에 의한 갈등 관리

(Goldsmith and Kettle, 2009, 논자 재정리)

거버난스 구축을 위한 단계별 전략으로 골드스미스와 에거스(Goldsmith and Eggers, 2004)는 설계단계와 관리단계를 구분하여 전략을 제시하였다.

거버난스 구축 단계별 전략

구분	전략	내용
설계단계	공공가치 규정	추구할 가치 규정
	재원조달	인적·물적 자원 확보
	적절한 참여자 선택	능력 있는 참여자
	네트웍 유형 탐색	참여자 유형 및 관계구조 고려 정책공동체 등
	네트웍 관리자 선정	통합적 관리자
관리단계	의사소통채널 구축	협력관계유지용 채널 구축
	업무조정	업무 분권화, 위임, 위탁, 민간협력 등 조정
	관계구축	연결망 구축 및 관계유지
	책무성 확보	정책결정자와 정책집행자의 책무성 기준 마련

(Goldsmith and Eggers, 2004. 논자 재정리)

이상에서 거버난스 구축을 위한 정부의 핵심역량이 무엇이며, 거버난스 구축 단계를 그 설계단계와 관리단계로 구분하고 이에 따른 전략의 형태를 살펴보았다. 전술한 바와 같이 쿠이만(Kooiman, 2003)의 협력적 거버난스가 일반적으로 수용되는 관광 거버난스이다. 통상적으로 협력적 거버난스란 의사소통적, 상호 협력적, 민관 협력적 공동관리 등이 거버난스의 중요한 과제가 되고 있다. 우리나라의 바람직한 관광 거버난스 구축을 위해 주요국의 관광 거버난스를 고찰하여 볼 필요가 있다.

2. 관광 거버난스

관광 관련한 정책을 개발하고 시행하는 데 있어서 정부 조직상 그 전담부서의 배치와 운영 방침은 대단히 중요하다. 아울러 적정한 예산의 배정과 집행 자율성, 유관기관과의 업무 협의조정 기구 구조와 방법, 지방정부와의 관계 설정, 관광진흥기관(NTO)의 운영, 이해관계자와의 갈등관리 매카니즘, 관광기간 시설 개발, 관광산업 육성 등을 효율적으로 기획하고, 운영하며, 통제하기 위한 조직구조 문제는 쉽지 않다. 본장에서는 먼저 관광산업의 규모와 경제적 파급효과를 살펴보고, 현재 우리나라의 관광 거버난스를 조망한다.

2-1. 국내외 관광산업 규모와 경제적 파급 효과

세계관광기구(UNWTO)에 의하면 2010년 세계 관광객은 100억 명 규모(추정)이며, 그 중 국제관광객은 10억 명(추정)으로, 연평균 6-7% 성장을 통해 2020년도에는 세계 관광객은 160억 명, 국제관광객은 16억 명 수준으로 전망하고 있다.

World Travel & Tourism Council(2011)에 의하면, 세계 관광산업 규모는 2011년 미화 5조 7,000억불 규모에서 2020년 11조 1,000억불 규모로 향후 10년 동안 연평균 성장률 6.9%를 기록할 것으로 예상하고 있다. 세계의 국제 관광객 수도 2010년 9억 4,000만 명에서 2020년 16억 명으로 증가할 것으로 전망하고 있다. 특히, 아시아 태평양 지역 관광객 수는 연평균 7.4% 신장할 것으로 예상하며, 세계 평균 신장률을 크게 상회할 것으로 전망한다. 세계 관광산업 고용규모가 2011년 2억 6,000만 명 수준에서 2021년 3억 2,000만 명 규모로 증가할 것으로 전망되며, 관광은 '고용 없는 저성장 시대'에 고용 창출의 유력한 대안으로 기대되고 있다.

관광산업의 경제적 기여도

구분	세계		한국	
	2010년	2020년 예상	2010년	2020년 예상
GDP 점유비중	9.2%	9.6%	7.1%	7.5%
고용 기여	8.1%	10.9%	8.1%	8.5%
투자	9.2%	9.4%	6.0%	7.3%
정부 지출	3.8%		2.6%	

자료원 : Travel & Tourism Economic Impact 2010(WTTC, 2010)

우리나라의 경우에도 2012년도 연간 내국인의 해외관광객이 1,300여만 명, 외국인의 국내방문객이 1,100여만 명이 되어 관광 대국의 일원으로 급신장하고 있다. 관광산업의 경제적 기여도에 있어서는 GDP 점유비중이 7.1%로 세계 평균을 미치지 못하며, 고용기여율은 8.1%로 세계 평균 수치에 도달하고 있다.

우리나라 관광산업의 경제 기여도(2008년 기준)

구분	관광산업	여타 부분	비고
GDP비중	7.2%		OECD평균 10.1%
외화가득률(07년)	88%	휴대폰 52%, 반도체 43%, 수출 53.3%	
부가가치유발효과	64.2%	제조업 56.6%, 수출 53.3%	
취업유발계수	10억원당 15.5명	제조업 9.2명	
청년층 취업비율(09년)	35.1% (전체 취업자중 청년비중 16.8%)		청년층(15-29세)

자료원: 문화체육관광부(2010년)

우리나라 관광산업의 경제적 기여를 보면, 2008년도 기준으로 외화가득률이 88%로서 여타 산업의 40-50% 대와 비교할 때 상대적으로 매우 높으며, 부가가치유발 효과 64.2%, 취업유발계수 매출 10억원 당 15.5명으로 산업평균을 크게 상회하고 있다. 특히 청년 취업비중이 35.1%로서 청년 취업난 문제 해소 방안으로 관광산업 육성을 통한 일자리 창출을 전략적인 대안으로 검토할 필요가 있다.

2-2. 우리나라 관광 거버넌스 현황

관광 거버넌스는 국가별 차이는 있으나 대체로 관광정책을 담당하는 국가기관 NTA(National Tourism Administration/Agency), 국제관광 홍보 및 진흥을 담당하는 중앙기구 NTO(National Tourism Organization)를 두고 있다. 이외에 지방정부에서도 관광업무 전담기관 RTA(Regional Tourism Agency), 지역홍보 및 관광진흥 기구 RTO(Regional Tourism Organization)를 두며, 또한 정부 각 부처의 관광관련 업무를 조정하고 조율하기 위하여 별도의 기구를 두고 있는 국가도 있다.

우리나라의 경우는 '문화체육관광부' 내의 '관광산업국'이 NTA에 해당하며, 관광 관련 정책 입안과 집행, 관광자원 개발, 숙박시설 등 관광인프라 확충, 국내관광 활성화 및 국제관광 증진 등 관광진흥 업무를 주관하고 있다. 우리나라의 국제 관광 홍보 및 진흥을 위한 중앙기구로서는 '한국관광공사'(KNTO)를 두고 있으며, 지방자치단체도 별도의 관광기관과 관광기구(예, 경기관광공사 등)를 두고 있다. 신성장산업으로서의 관광산업의 중요성을 고려할 때 '관광산업국'의 확대 개편을 통한 위상 강화가 필요하다. 또한 중앙행정부서 영역에 산재한 관광 관련 업무를 조율하기 위한 각종 기능이 수행되고 있으나, 관광산업의 중요성과 업무 효율성을 고려할 때 별도의 기구를 제도적으로 설정 운영하는 것을 검토할 시점이다.

우리나라 관광관련 추진 조직 현황

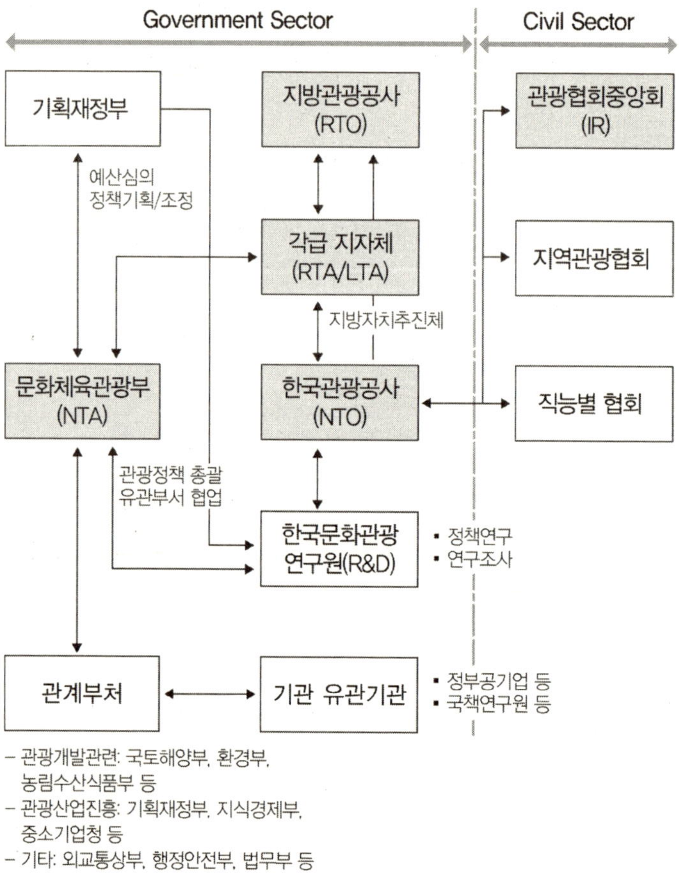

자료원: 심원섭, 2011

3. 주요국의 환경과 관광 거버난스

국가별 경제 여건과 산업 환경 및 사회문화적 성숙도에 따라 관광정책 거버난스는 다양한 형태로 분석되고 있다. 유의해야 할 요소 중 하나가 현재의 거버난스가 당해 국가의 환경조건과 역사적인 변화의 산물이라는 점이라 할 수 있다.

3-1. 주요국의 시대별 관광 여건 및 관광정책 변화 추이

관광은 주로 국제적 교류의 형태로 국제관광이 성립하므로, 국가의 경제적, 사회적 환경에 따라 그 정책적인 주안점이 다르게 된다. 다음에서 일본, 홍콩, 영국, 미국 등의 주요 국가를 대상으로 연대별로 입출국 관광 통계와 1인당 GDP에 따라 관광정책의 목표의 주안점이 어떻게 변화해 왔는지 살펴보기로 한다.

주요국의 연대별 관광여건과 관광정책 추이

구분	내용	1960년대	1970년대	1980년대	1990년대	2000년대
일본	입국객(만명)	35	76	210	350	524
	출국객(만명)	13	235	466	1360	1800
	1인당 GDP(1000$)		4	10	37	
	관광정책목표	외화획득 수단	대량관광 정책	무역마찰 회피수단	지역경제활성화	국내관광 정체타파
홍콩	입국객(만명)	40	130	370	102	166
	출국객(만명)		30	1580	344	645
	1인당 GDP(1000$)		2.3	6.4	22.6	25.7
	관광정책목표	외래관광객 유치		국제행사 유치	국제관광진흥	자율경쟁 경쟁력제고
미국	입국객(만명)			2542	4332	4250
	출국객(만명)			3526	5076	5567
	1인당 GDP(1000$)		10	10-20	20-30	38
	관광정책목표		해외여행 억제	국내여행 촉진	관광산업 경제적 중요성 인식	관광정책의 주정부 중심

구분	내용	1960년대	1970년대	1980년대	1990년대	2000년대
영국	입국객(만명)					
	출국객(만명)					
	1인당 GDP(1000$)		4	10	20	25
	관광정책목표	고용창출 연계		관광청 설립	환경보전과 관광의 경제 효과역점	관광행정 고용부 연계
캐나다	입국객(만명)			1317	1690	1968
	출국객(만명)			1320	1819	1836
	1인당 GDP(1000$)			14	21	23
	관광정책목표		국가인지도 제고	해외관광 진흥	관광수지적자 해소	관광업계 선도정책
호주	입국객(만명)	9.7	30	114	373	484
	출국객(만명)		88	151	252	346
	1인당 GDP(1000$)		6.9	10	20	22
	관광정책목표	산업성장과 외화획득		지역관광 개발	시장경제 원리	자연보호와 생태관광

자료원: 국가별 NTO
* 각 연대별 중간연도 기준임(단, 2000년대는 2002/3년)

전반적으로 각국 정부는 경제적 여건이 미성숙한 상태인 1960-70년대에는 주로 외래 관광객 유치를 통한 외화 획득에 정책의 주안점을 두었으며, 대체로 내국인의 해외 관광을 억제하고 국내 관광을 유도하는 전략을 구사하였다. 점차적으로 관광산업의 고용효과나 경제적인 효과에 주목하여 관광산업의 기본 인프라 개발을 통한 관광산업의 진흥을 도모하였다. 경제적 성장에 따른 국민의 삶의 질과 관련한 다양한 욕구 해소를 위해서도 관광산업은 중요한 기능을 수행하므로 국내외 관광은 국가의 주요한 시책이 되고 있다.

3-2. 주요국의 관광행정 조직과 운영 현황

국가의 관광정책을 입안하고 시행하는 중앙 관광정책기관 NTA를 중심으로 주요국가별 조직형태와 직무환경 및 특성을 살펴보기로 한다.

주요국 관광행정 조직 현황

국가명	부처 명	전담조직	산하 부서	성격
일본	국토교통성	관광청	관광산업과, 관광자원과 등 8개 부문	독립 외청 형태로 '국토, 건설, 교통' 연계(관광-2007년까지 '국토교통성'에서 담당)
중국	국무원	국가여유국(국무위원)	1실 8사	중앙행정부 기능(장관), '국가여유사업위원회' 조정기능 별도
말레이지아	관광부(Ministry of Tourism)	관광국	10개 부서	독립부서
한국	문화·체육·관광부	관광산업국(관광레저기획관 별도)	관광정책과, 관광진흥과, 국제관광과 및 관광레저기획관(녹색관광과 등 3과)	부서 산하 담당국 형태
미국	연방 상무부	각 주정부 관광국		주 정부 관광국 형태(내무부, 농림부, 환경청 등 부분 관여)
영국	문화·미디어·스포츠부(DCMS)	관광·문화유산 담당장관(관광-정책기관)	관광담당부서(관광-집행기관: BTA-British Tourist Authority)	DCMS주무장관과 3명의 장관 중 1인(관광·문화유산장관; 스포츠·올림픽장관; 문화·커뮤니케이션 창조산업장관)
프랑스	경제·재무·산업부	'상업·수공업·중소기업·관광·서비스업·자유업·소비' 부문	'산업·서비스·경쟁력국' 내의 '관광서비스' 부서	2007년도까지 '교통·건설·관광·해운부'에서 '경제재무산업부' 개편
스페인	산업·관광·통상부	관광·통상 담당(대외통상부서; 관광·국내통상부서; 산업·에너지·정보통신부서 중1)	관광·국내통상부서	산업경제형부서 편입
이탈리아	총리 산하 무임소 장관	관광발전국	관광자원실 등 2개부서	관광담당 무임소장관 산하 관광발전국
독일	경제기술부	중소기업정책국에 '중소기업·관광담당'특보		문화-총리산하(문화미디어특보) 관광-경제기술부

국가명	부처 명	전담조직	산하 부서	성격
캐나다	산업부	중소기업·관광 담당 장관	중소기업·관광·시장서비스국(행정담당)	산업부 산하 '관광위원회'(관광정책주관)
호주	자원·에너지·관광부	관광담당장관	관광국	관광자원보호 및 생태관광

상기와 같이 주요국가의 관광행정을 주관하고 있는 중앙정부 조직 NTA 중심으로 정리하였다. 전술한 바와 같이 각국은 국가별 정치·사회·문화적 환경과 경제적 산업 여건에 따라 관광행정의 비중과 그 체계를 달리하고 있다. 특히, 경제적으로 여유가 큰 국가(미국 및 구미 제국), 인문·문화적 유산(이탈리아, 스페인, 프랑스, 영국 등)과 자연 환경적 관광 자원(호주, 미국, 중국 등)을 보유한 국가 등 중점에 따라 관광 산업 증진을 위한 전략이 다를 수밖에 없다.

우리나라도 경제적 여건이 개선되었고, 관광대국으로 진행되고 있는 현재 시점에서 중앙정부 관광행정 조직의 전면적인 재검토가 요망된다. 그러나 우리와 경제 여건과 관광산업 환경이 다른 외국 모델의 도입은 신중한 고려가 필요하다. 또한 우리나라와 같이 대체로 현대 국가에서는 '작은 정부'를 선호해왔다. 이는 국가 행정의 규제철폐 내지 완화 등 불필요한 규제를 하여서는 안 된다는 명제가 지배하고 있는 운영철학이다. 반면에 육성, 촉진되어야 하는 환경에서는 '큰 정부'시스템이 바람직하다. 관광산업육성과 진흥을 위해서는 '큰 조직'이 필요하다. 국가 전략산업의 하나인 관광산업에 대한 육성을 위해서는 중앙부처 관광정책 조직의 확대개편이 필요하다. 관광산업의 중요성에 대한 인식의 전환과 관광산업의 중심 가치에 대한 통찰력 있는 분석이 우선적으로 선행되어야 한다.

3-3. 관광진흥 기구 NTO의 역할과 기능

대부분의 국가는 대외적인 국가 홍보 및 대외 관광객의 국내 유치를 통한 관광진흥을 전담하는 기구로 국가 관광청 내지 관광공사를 설립하여 운영하고 있다. 중국의 경우는 사회주의 국가 특성상 국가관광행정 조직인 '국가여유국' NTA에서 NTO업무를 병행하고 있고, 일본의 경우에도 별도의 외청 조직으로 독립 행정법인 JNTO를 운영하고 있으나, 이외의 대부분의 국가에서는 특별법에 의한 공기업(비영리 특수법인) 형태로 운영하고 있다. 다음에서 주요 국가의 NTO 성격과 주요기능을 살펴본다.

주요국 NTO 성격과 주요기능

국가명	NTO 명칭	성격	주요 기능
일본	JNTO(Japan National Tourist Organization)	독립행정법인	해외관광홍보 국제관광조사연구 국제회의 유치 통역안내사 시험실시
말레이지아	MTPB(Malaysia Tourism Promotion Board)	공기업(비영리 법인)	해외관광홍보 관광개발 MICE관광객유치
한국	한국관광공사(KNTO)	공기업	해외관광홍보 국제관광조사연구 국외여행인솔자 자격관리 면세점 운영
영국	VB(Visit Britain)	공기업(비영리 법인)	해외관광홍보 관광관련 시장조사 내국인 국내관광촉진
프랑스	Atout France	민관합동기구(정부출연기관)	해외관광홍보 관광시장조사
스페인	Turespňa	공기업(비영리 법인)	해외관광홍보 관광진흥계획과 개발 관광유관기업 운영(컨벤션센타)
이탈리아	ENT	공기업(비영리 법인)	해외관광홍보 관광시장조사
캐나다	CSC(Canadian Tourism Commission)	공기업(비영리 법인)	해외관광홍보 관광정책 주관 관광업계 선도
호주	TA(Tourism Australia)	공기업(비영리 법인)	해외관광홍보 환경친화적 관광개발 생태관광상품 인증

NTO의 경우 대다수 국가의 설립운영 목적과 성격은 해외 시장에 대한 관광홍보를 위한 비영리 독립법인 공기업 성격으로 설립운영 되고 있다. 우리나라

의 경우 면세점과 골프장 운영 등의 영리사업은 NTO 성격과는 다소 거리가 있어 이에 대한 재검토가 필요하다. 국가에 따라 지방정부의 관광기관 및 기구와의 업무 협력을 역할로 부여한 국가도 다수 있다.

3-4. 정부 부처 관광관련 정책 조정 및 지방 관광기구 RTA 협력

주요 관광정책에 대한 수개 중앙 행정부처의 연계된 분야를 조정하고 처리하기 위해 다수의 국가에서는 위원회 등의 조직을 운영하고 있다. '국가관광위원회'(프랑스, 스페인 중국 등)나 '범정부관광장관회의'(영국), '관광장관자문회의'(호주), '관광입국추진회의'(일본) 등 관광정책협의체를 구성하여 운영하고 있다.

관광부문 국가 예산에서부터 관광에 대한 업무, 관광 개발에 대한 업무, 관광산업에 대한 정책 등등 다수의 업무 내용이 각 부처에 산재해 있거나 연계되어 있으며, 이에 대한 부처별 이해가 다르므로 이를 합리적으로 합의 조정하는 일은 대단히 중요하다. 우리나라의 경우 관광관련 중앙행정부처의 업무 내용을 살펴본다.

관광 관련 중앙행정부처 업무현황

구분	정부 부처명	관광 관련업무(부처고유)	관광 관련협력업무
중앙 행정부처	기획재정부	관광관련 예산	관광산업진흥
	외교통상부	여권 및 비자, 국제기구와의 협정	관광진흥
	행정자치안전부	지자체 지원, 농어촌 및 도서 개발, 온천관리	관광진흥
	법무부	출입국 업무	관광진흥
	지식경제부	관광투자유치, 무역전시사업	관광산업진흥
	농림수산식품부	농어촌관광, 음식	관광개발 관련
	환경부	국립공원관리, 생태계보전	
	국토해양부	교통, 항공, 해운 업무	
국정과제위원회	국가경쟁력강화위원회	관광산업 규제완화	관광진흥
	지역발전위	지역관광	
	국가브랜드위원회	국가홍보, 한류마케팅	

자료원: 심원섭, 2011 활용 재정리

이상에서 보는 바와 같이 관광객이 공항이나 항만에서 입출국하며, 이동하고, 숙박하며, 식사하고, 관광하는 제반 행위에서 많은 중앙행정 부처의 업무가 연계된다. 관광개발 관련 업무도 수개 부처 간의 유기적 협력이 필요하다. 중앙 행정부처는 부처별 업무 우선순위에 따라 관광분야의 업무가 처리되는 것은 당연한 일일 수 있다. 그러나 관광산업이 신성장 산업이며 국가 경제적 가치를 고려할 때 전략적인 선택이 필요하므로 관광주관 부처 업무 조직 프레임은 물론 부처간 업무 협의 조정을 위한 기구 등에 대한 제도적 검토가 요망되고 있다. 예를 들면 중국의 '국가여유사업위원회'와 유사하게 '한국관광산업진흥위원회'(가칭)를 국무총리 내지 부총리급을 위원장으로 하여 관광산업 관련 중앙부처장관이 참여하는 조직·운영의 구조를 설계·검토할 필요가 있다.

다음으로 지방 자치단체의 관광관련 정책(RTA업무)이나 지역 관광 활성화를 위한 조직체(RTO 업무)의 운영은 국가 단위에서 조율하고, 조정하고, 통제하며, 지원할 필요가 있다. 지역 이기주의에 따라 지역에서 무분별한 관광 자원개발이나 관광 인프라 확충, 문화관광 축제 경쟁 등은 국가 자원배분을 왜곡하고 자원낭비를 초래할 우려가 크기 때문이다. 이를 방지하기 위해 NTA 및 NTO가 제도적으로 적절한 기능을 수행하게 하고, 아울러 '관광산업진흥위원회'(가칭)가 기본적인 지원과 통제를 수행하게 하는 것이 필요하다.

4. 국내 관광 환경과 관광 거버난스

우리나라는 이제 경제적 측면에서 GDP 수준이나 수출입 규모(2년 연속 1조불 돌파 세계 8-9위) 및 산업 역량에서 선도적인 국가의 반열에 진입하였다. 국내외로 출입국하는 내외국인 관광객 수에서도 주요 관광국가로 성장하였으며, 특히 2012년도 외래 관광객 입국 규모가 1,100만 명을 돌파하여 일본을 능가하는 실적을 시현하였다. 아울러 세계적 반향을 일으키고 있는 한류문화의 지속적인 확충 발전을 통한 관광 효과 증대를 위해 국내 관광 인프라에 대한 재정비가 시급하게 되었다. 국민생활 만족도 제고, 삶의 질의 향상 욕구 충족을 위한 관광 활성화와 함께 신성장 산업인 관광산업 육성을 통한 일자리 창출이 신 정부의 주요한 과제가 되고 있다.

4-1. 우리나라 관광정책부처 연혁과 현황

본격적인 국제관광은 1988년 서울올림픽을 전후한 내국인 해외여행자유화 실시에 의해 촉발되었으며, 이 시기에는 교통부 산하에 관광국을 두어 정부의 관광정책을 입안하고 관광진흥을 도모하였다. 문화관광부에서 변경된 현재의 문화체육관광부는 국가의 문화 예술과 산업, 언론(미디어), 관광, 체육, 종교 분야의 정책 수립과 그 집행을 관장하는 정부 부처이다. 그 조직은 지원부서를 제외하고는 크게 문화정책국, 예술국, 문화산업국, 문화미디어국, 관광산업국, 체육국으로 분류할 수 있으며, 관광산업국에서는 관광정책, 남북관광, 관광자원 개발, 유원시설업, 지역축제, 템플스테이, 국제관광진흥, 관광브랜드 개발, 국제관광기구 관련, 컨벤션산업 육성 등을 다루고 있다.

현재 관광부문 부서의 문제점으로, 우선 부서의 철학과 개념상 문제를 지적할 수 있다. 우리나라의 관광정책부서는 영국 모델을 따르고 있다. 영국은 문화.미디어.스포츠부(DCMS) 장관 산하에 관광정책기관으로 관광.문화유산담당장관을 두고 있다. DCMS주무장관과 3명의 장관 중1인(관광.문화유산장관; 스포츠.올림픽장관;문화.커뮤니케이션 창조산업장관)이다. 영국은 문화적 자원이 풍부하며, 근세 이래 산업문명을 주도해온 문화.산업 강국이며, 영어생활권인 대영제국 공동체 등에 의한 자체적인 관광 수요가 산재해 있다. 문화적 유산은 관광자원으로서의 기능 이외에 적절한 보호와 규제가 필요한 양면성을 지니고 있다.

문화는 관광 컨텐츠 측면에서 보면 관광과 개념상으로 어느 정도의 부합성을 지니고 있으나, 문화 및 문화재 유지 관리와 보존의 관점에서는 관광과는 지향점이 다르다. 전담부서의 기능상 문제로 문화 및 예술과 미디어 등은 오히려 교육과학기술부(교육문화부문과 과학기술부문으로 분리검토 필요)와 부합하며, 관광은 관광매체인 교통과 부합한다.

4-2. 우리나라 관광 거버난스 개편 방안모색

국가의 중앙정부 관광행정조직은 독립적인 부서로 관광부를 운영하거나, 여타산업과 병합하여 운영하는 방안을 고려할 수 있다. 독립적으로 운영하는 국가는 중국 등이 있다. 여타 산업과 병합하여 운영하는 형태로는 영국과 같은 문화부처 형태, 스페인이나 캐나다 등과 같은 산업부처 형태, 프랑스와 같은 경제부처 형태, 일본과 같은 국토(건설)부처 형태가 있다.

심원섭(2011)의 연구에 의하면, 지자체 공무원의 경우 경제형 부처를 선호하고, 전문가의 경우 국토형 부처를 높게 평가하였음을 참고할 만하다. 동 연구에서 전문가의 견해는 결국 1988년대 건설교통부(관광국) 형태를 바람직한 것으로 보고 있다. 이에 대한 외국 사례의 경우, 일본과 같은 형태이며, 또한 프랑스의 2007년도 형태('교통·건설·관광·해운부')이며, 이후 프랑스는 '경제·재무·산업부' 소속으로 변경 운용하고 있다.

우리나라는 관광산업이 영국의 상황과는 많은 차이가 있다. 일본과 같은 국토형 모델은 관광개발, 관광인프라 확충(관광수용태세 확장) 등에서 유리한 형태이다. 2007년도 이전의 프랑스 모형인 '교통·건설·관광·해운부' 형태나 '교통·건설·관광부' 형태가 현실적인 대안 모형으로 제안한다.

여기에서 관광행정 중앙부처 이외에 한국관광공사의 목표 재정비, 중앙부처의 산재한 관광행정 조정을 위한 상위 기구로 '관광산업진흥위원회'(가칭) 설치 등을 아울러 검토할 필요가 있는 것으로 제안한다.

5. 결어

관광산업 진흥은 국가적 과제이며, 신정부의 중요한 아젠더로 설정하여 추진해야 할 목표 중의 하나로 볼 수 있다. 청년실업 해소와 일자리 창출이 정부의 중요한 과제가 되고 있어, 관광산업은 그 규모와 성장 추세 및 국가경제에 대한 기여도와 고용기여율 등에서 중요한 산업이다. 관광산업의 발전을 도모하기 위해서는 관광관련 정책을 입안하고 시행하는 중앙정책기관의 구조를 효율화하고 행정조직의 전문화와 위상 강화를 통한 역량 제고가 선행되어야 하는 조치로 판단되고 있다.

이에 주요국의 관광정책 변화를 조망하고 관광 거버난스 비교연구를 통하여 국내의 능률적인 관광 거번난스 구축을 모색해 보았다. 관광정책은 관광의 사회적.경제적 영역의 확대로 다수의 행정부처에서 유관한 업무를 다양하게 추진하게 되었다. 그러므로 관광행정업무는 단위 행정부서에 일률적으로 전부를 포괄할 수 없으므로, 중앙부처간 업무 조정을 위한 별도기구도 필요함을 제안하였다. 다음과 같이 제안한다.

첫째, 관광정책 담당 중앙행정기관의 재정비가 필요하다. 현재 영국과 같은 문화부처 형태에서 '국토·교통·관광부' 형태를 제안한다. 현재 일본과 같은 국토부 형태로서, 2007년 이전의 프랑스 모형을 제안한다. 문화유산이 중심이 되는 형태 보다 관광인프라 확충이 우선적으로 필요한 상황이기 때문이다.

둘째, 관광정책 전담기구의 확대가 필요하다. 현재 '관광산업국'을 확대 개편해야 한다. 현재 '관광정책과, 관광진흥과, 국제관광과' 체제로는 다양하게 확대되는 산업환경변화에 대처하기 어렵다. '관광레저기획관' 산하의 3개 과는 특정 분야 개발과 관리를 위한 부서로 별도 기능을 수행하는 것으로 판단된다. 관광수용태세 향상, 관광산업육성, 관광자원 개발 등 관광산업 중요성 증대에 대응하기 위해, 위상 및 기능 강화가 요구된다.

셋째, 관광진흥기관(한국관광공사)의 역할 재정립이 필요하다. 많은 국가의 NTO는 비영리 공기업으로 운영되고 있다. NTO의 가장 핵심적인 역량은 국가 홍보 및 해외 관광객 유치이다. 부수적으로 내국인의 국내 관광진흥 기능도 수행하게 된다. 이는 통상적인 공기업의 목표와는 차이가 있으며, 수익을 창출하여 자생적으로 운영되어야 하는 공기업과는 성격에 차이가 있다. 골프장 운영과 면세점 사업 등은 NTO 본연의 기능 수행에 어떤 가치를 수반하는가를 검토해야 한다. 핵심적인 역량 강화에 초점을 두고 운영될 수 있도록 재편이 필요하다.

넷째, 중앙행정부처간의 관광부문 업무 조정을 위해, 총리 산하 '관광산업진흥위원회'(가칭) 설치 운영이 필요하다. 중앙부처 간의 연계 및 산재된 관광행정 조정을 위한 상위 기구로 '관광산업진흥위원회'(가칭) 설치 운영을 검토할 필요가 있는 것으로 제안한다. 관광진흥을 위한 국가별 노력은 치열하며, 관광산업 육성의 중요성을 고려할 때 부처별 관광 기능 조정이 국가 전략적으로 지원되어야 한다.

다섯째, 지방자치단체의 관광정책기능 RTA 및 지방 관광진흥기관 RTO 운영에 대한 전반적 지원과 조정·통제 시스템의 정비가 필요하다. 국가 자원의 낭비와 불필요한 중복, 지역 이기주의 등을 적절히 제어하는 장치가 정비되어야 한다.

본 연구는 주요국의 관광환경 변화와 관광정책 담당기구에 대한 비교 연구로서 자료 확보의 제약에 의한 자체적인 한계성이 있음을 첨언하고자 한다. 향후 후속연구 과제로 관광환경변화에 대한 다양한 데이터와 국가별 관광 환경에 대한 세부적 자료를 비교분석하는 작업을 수행하기로 한다. 또한 동 과제에 대한 전문가 리서치가 후속 과제가 된다.

참고문헌

공은숙, 지역메가이벤트 정책과정에 있어서 정책네트워크 변화분석, 한양대학교 박사학위논문, 2012.

김규정, 행정학원론, 법문사, pp.11-12, 1999.

문화체육관광부, 2009 관광동향에 관항 연차보고서, 2010.

심원섭, 관광정책추진체계 개편방향 연구, 한국문화관광연구원, 2011

안경섭, 성공적 정부조직개편을 위한 통합조직의 융합전략에 관한 연구, 한국행정논집, 21(1), pp.261-285, 2009.

이연택, 김성태, 관광특구지역에 있어서 로컬관광거버난스 형성의 영향요인에 관한 연구, 관광연구저널, 25(4), 2012.

이철수 외, 사회복지학사전, Blue Fish, 2009.

최진우, 외국의 문화관광정책 및 행정체계 연구, 한국문화관광연구원, 2010.

Goldsmith, S. and Eggers, W., Governing by Network: The New Shape of the Public Sector, Washington, D.C. : Brookings Institution Press, 2004.

Goldsmith, S. and Kettle, D., Unlocking the Power of Networks: Keys to High-Performance Government. Washington D.C.: Brooking Institution Press, 2009.

Kooiman, J., Models of Governance, In Kooiman(ed.), Governing as Governance, London: Sage, 2003.

Peters, B. G., Government Reorganization: A Theoretical Analysis. International Political Science Review, 13(2): pp.199-217, 1992.

Perters, B. G., The Future of Governing: Four Emerging Models, Kansas: University of Kansas Press, 1996.

Peters, G. and Pierre, J., Toward a Theory of Governance, Governing Complex Societies Governance: New Government-Society Interactions, NY: Palgrave Macmillan, 2005.

Rhodes, R., Understanding Governance: Policy Networks, Governance, Reflexibility and Accountability, Buckingham: Open University Press, 1997.

The World Bank, The Worldwide Governance Indicators, 2010.

UNWTO, UNWTO World Tourism Barometer, 2011.

UNWTO, Structures and Budgets of National Tourism Organization, 2004.

WTTC, Travel & Tourism Economic Impact, 2010.

WTTC(World Travel & Tourism Council), 2011.

국가별 기관 및 NTOs

대한민국 문화체육관광부, http://www.mcst.go.kr/

한국관광공사 http://www.visitkorea.or.kr

일본 국토교통성 http://www.mlit.go.jp/

일본 관광국 http://www.welcometojapan.or.kr/

말레이시아 관광청 http://www.mtpb.co.kr/

말레이시아 정부 http://www.malaysia.gov.my/

말레이시아 관광부 http://www.motour.gov.my/

영국문화 · 미디어 · 스포츠부 http://www.culture.gov.uk/

영국정부 http://www.direct.gov.uk/

영국 VisitBritain http://www.visitbritain.co.kr/

스페인정부 http://www.la-moncloa.es/

스페인 관광청 http://www.spain.info/

프랑스 대사관 http://www.ambafrance-kr.org/

02

관광과 항공 정책

관광 및 항공 정책의 상호 작용과 연계성에 대한 연구

Journal of Tourism Enhancement Vol.2 No.1 June 2014
Fourth Issue, pp.51-70

관광 및 항공 정책의 상호 작용과 연계성에 대한 연구

김병헌*

A Study on the Relationship and Trade-offs between Tourism and Aviation Policy

Kim, Byung-Hun*

국문초록

국제관광객수는 2030년의 경우 총 18억 명에 달할 전망이며, 항공은 관광객 이동의 주요한 수단이 되고 있다. 국제항공여객운송과 관광객 이동이 경제성장률과 밀접한 연관성을 가지며 유사한 비율로 성장하면서, 항공부분이 관광분야 연구들에서 주요 주제가 되어왔다. 반면에, 관광에 대한 항공의 영향은 전체적으로 미개발 영역으로 남아있다고 할 정도로 많지 않으며, 특히 항공과 관광의 상호작용(trade-offs)과 연계성에 대한 연구는 국제적으로도 부족한 실정이다.

정부의 정책 당국은 항공사들에게서 노선 확대를 위해 운항권을 확보하도록 하는 요청과 함께, 경쟁으로부터 보호해달라는 등의 압력을 받는다. 한편으로는 관광산업 발전을 위해 항공 공급 확대와 항공운임 인하를 필요로 하고 있다.

이에 본 연구에서는 그간의 국제적인 항공정책 동향과 내용을 중심으로 하여 항공과 관광 정책의 연계성을 분석하고, 이를 통해 향후 관련 분야 연구 활성화를 위한 계기를 제공하고자 한다. 나아가 관광과 항공부문 정책방향에 대한 실무적인 시사점을 도출하고자 한다.

주제어: 항공, 관광, 항공정책, 관광정책, 항공과 관광의 연계성, 관광편익, 항공 규제 자유화

* 한국관광대학교 관광경영과 교수, bhkim@ktc.ac.kr/bhunkimkr@hanmail.net

* 본 논문은 한국관광진흥학회의 관광진흥연구 제2권 제1호(2014년 6월)에서 전재합니다.

관광 및 항공 정책의 상호 작용과 연계성에 대한 연구

A Study on the Relationship and Trade-offs between Tourism and Aviation Policy

김병헌(한국관광대학교 관광경영과 교수)

■ 국문초록 ■

국제관광객수는 2030년의 경우 총 18억 명에 달할 전망이며, 항공은 관광객 이동의 주요한 수단이 되고 있다. 국제항공여객운송과 관광객 이동이 경제성장률과 밀접한 연관성을 가지며 유사한 비율로 성장하면서, 항공부분이 관광분야 연구들에서 주요 주제가 되어왔다. 반면에 관광에 대한 항공의 영향은 전체적으로 미개발 영역으로 남아있다고 할 정도로 많지 않으며, 특히 항공과 관광의 상호작용(trade-offs)과 연계성에 대한 연구는 국제적으로도 부족한 실정이다.

정부의 정책 당국은 항공사들에게서 노선 확대를 위해 운항권을 확보하도록 하는 요청과 함께, 경쟁으로부터 보호해 달라는 등의 압력을 받는다. 한편으로는 관광산업 발전을 위해 항공 공급 확대와 항공운임 인하를 필요로 하고 있다.

이에 본 연구에서는 그간의 국제적인 항공 정책 동향과 내용을 중심으로 하여 항공과 관광 정책의 연계성을 분석하고, 이를 통해 향후 관련 분야 연구 활성화를 위한 계기를 제공하고자 한다. 나아가 관광과 항공 부문 정책방향에 대한 실무적인 시사점을 도출하고자 한다.

주제어_ 항공, 관광, 항공 정책, 관광 정책, 항공과 관광의 연계성, 관광편익, 항공 규제 자유화

■ Abstract ■

Tourism has played a crucial role as an important driver for economic growth and prosperity in countries but the increased reliance of economy on tourism is dependent on air transportation.

The relationship between tourism and aviation are becoming more explicitly recognized, and these relations are having a role in governments' aviation policy formation. Traditionally, international aviation has been regulated for decades by the countries' interests. Even though there are trade-offs effect exist between aviation and tourism policies, many countries realized that tourism benefits are becoming much more important as a factor influencing their international aviation policies, nowadays.

The main purpose of this study is to investigate the linkage between air transportation and tourism policy, and analyze different factors affecting air transport for tourism in the context that air transport is a major means of accessibility for international tourist's destinations.

It is an important task and a duty for the policy makers to take a balance between interests for home country airlines, benefits to home country travellers, and benefits from increased inbound tourism.

The results of this study suggest that policy makers and researchers need to pay much more attentions to relationships that exist between air transportation and tourism.

Key Words_ aviation, tourism, aviation policy, tourism policy, linkage between air transport and tourism policy, aviation deregulation

1. 서 론

국제 및 국내 관광객의 이동은 대부분의 국가에서 항공기를 통해 이루어진다. 세계관광기구(UNWTO)에 의하면 2012년 국경을 넘어 여행을 한 관광객 수가 10억 명을 돌파했으며, 그 중 절반 이상이 항공기를 이용하여 이동했다. 관광 및 비즈니스 목적의 여행객을 모두 포함한 국제관광객수는 2030년의 경우 총 18억 명에 달할 전망으로 보고 있다. 우리나라의 경우는 국제관광객의 95%가 항공기를 이용하고 있다.

항공업은 거대한 장치산업으로 그 태동 과정에서부터 국가 정책적인 규제와 보호를 함께 받아 왔으며, 국제간의 운항에 있어서도 운수권의 교환 등 복잡한 정책적인 규제가 있어 왔다. 관광은 항공수송의 성장에 따라 발전해 왔다. 항공과 관광의 연관성에 대해서는 넓게 인식해왔으나, 그 동안의 연구들은 두 영역 중 하나에만 초점이 맞추어져 왔다. 국제항공여객운송과 관광객 이동이 경제성장률과 밀접한 연관성을 가지며 유사한 비율로 성장하면서, 항공부분이 관광분야 연구들에서 주요 주제가 되어왔다. 반면에 관광에 대한 항공의 영향은 전체적으로 미개발 영역으로 남아있다고 할 정도로 많지 않으며, 특히 항공과 관광의 상호작용과 연계성에 대한 연구는 국제적으로도 부족한 실정이다.

항공과 국가적인 관광정책은 중앙정부 해당 부처에서 주도하고 있고 각각의 정책적 환경과 지향점이 다르기 때문에 상호 협력과 보완이 쉽지 않다. 지방지역의 경우에도 지역 경제 및 관광 활성화를 위해 관광 및 항공정책을 어떻게 조화롭게 입안할 것인가가 중요한 과제가 아닐 수 없다. 이에 본 연구에서는 그간의 항공 정책 동향과 내용 분석을 중점적으로 실시하고, 항공과 관광 정책의 연계성 분석을 통해 향후 관련 분야 연구 활성화 및 정책적 시사점을 도출하고자 한다.

2. 관광과 항공

2.1. 선행연구

항공운송서비스가 제공하는 지역의 용이한 접근성(good accessibility)은 관광목적지 개발에 있어서 필수적이다. 반면에 항공운송산업에 있어서도 여행과 관광 수요의 부가적 증대는 실체적인 혜택이 된다. 항공운송은 관광객 발생지와 관광목적지를 연계하는 관광의 중요한 구성요소가 되고 있다(Graham *et. al.* 2008). 관광이 항공운송의 수요를 창출하고, 항공운송은 관광에 중대한 영향을 미친다.

관광 정책에 대한 연구로는 유지윤(2003)은 세계 주요국의 관광동향과 정책에 대한 사례연구 및 비교분석을 통해 우리나라 관광정책 방향설정을 위한 기초자료를 제시 하였다. 심원섭(2011)은 해외의 관광정책 동향과 정책 추진사례를 체계적으로 분석하고, 도출된 주요 현안을 중심으로 우리나라 관광정책의 추진방향과 추진과제를 제안하였다.

항공과 관광의 연계성에 대한 연구는 국내외적으로 많지 않다. Williams and Balaz(2000)는 항공운송이 관광산업 성장을 지원하는 중요한 기능을 수행하며, 여가 여행은 관광 개발에 동인을 제공한다고 분석하였다. Shaw and Thomas (2006)는 항공운송 성장에 적절하게 대응하지 못하면 광광산업에 심각한 타격을 초래할 수 있다는 영국 정부의 견해에 내해 보고하였다.

항공과 관광 정책에 대한 연구는 국내외적으로 매우 부족하다. Forsyth, P.(2006)는 국제간의 항공 정책은 역사적으로 여타 산업과 분리하여 취급되어 왔으며, 그동안 국제간의 항공협정은 관광과 같은 여타 산업에의 영향 문제에 대한 고려 없이 국가 간에 협의되어 왔다고 분석하였다. 그리고 관광을 위한 국제 항공의 중요성과 규제적인 항공 정책이 얼마나 관광을 제한하는가 하는 데 대한 인식이 확산되면서, 많은 국가들이 관광 효과에 대한 명확한 인식을 기반으로 국제 항공 정책을 수정하기 시작하였다고 언급하였다.

대부분의 국제항공노선은 매우 제약적이며, 항공편수, 기종, 공급좌석 수 등을 엄격하게 제한하고 규제해 왔으며, 이것이 관광을 제약해 왔으나, 지난 20여 년간 많은 국제노선이 자유화되어 왔다. 특히 유럽지역이 그러하며 공급증대와 경쟁 확대가 운임인하를 가져오고 이는 관광증대로 이어졌다. 관광 증진 효과와 항공 편익확대가 항공정책 입안에 중요한 과제가 되고 있다. 항공 규제 자유화가 국제 관광 성장에 중요한 역할을 담당하게 되었다.

Forsyth, King and Rodolfo(2006)은 동남아국가연합(ASEAN)의 항공자유화 정책연구에서 동남아국가연합은 항공과 관광 정책 상충의 좋은 본보기의 하나에 직면하는 딜레마에 빠져있다고 분석하였다.

국세계관광기구(UNWTO, 2013)는 항공과 관광산업 간에는 매우 긴밀한 관계가 존재함에도 불구하고 일관되지 않은 정책으로 인해 정책의 충돌이나 단절 현상이 발생하고 있으며, 이 때문에 항공과 관광 산업의 발전이 저해되고 있는 실정이라고 분석하였다.

2.2. 국제관광의 성장과 전망

UNWTO(2012)에 의하면 1950년 2,500만 명의 관광객이 2011년 9억9천만 명으로 증가하였으며, 지난 수 십 년 동안 국제 관광산업이 괄목할 만한 성장을 이룩한 것은 선진국과 신흥국의 부의 증가와 세계화에 힘입은 항공교통의 발전에 의한 것으로 분석하였다. 〈그림1, 2〉와 같이 국제 관광객 도착수가 연평균 3.3% 증가하여 2030년에는 18억 명에 달할 것으로 전망하고 있다.

그림1_ 국제 관광객 도착 실적 및 전망

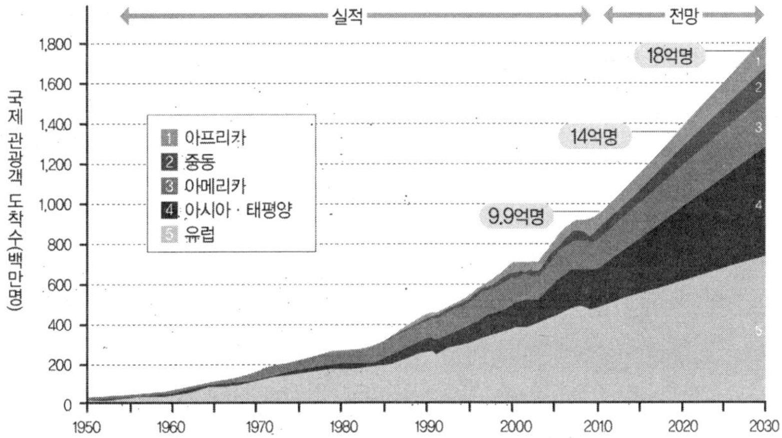

자료: Tourism Towards 2030(UNWTO, 2012)

관광지에 도착하는 국제 관광객의 절반 이상이 항공교통을 이용하고 있으며, 2030년 까지 항공교통을 이용하는 국제 관광객이 매년 2,300만 명 이상 증가할 것으로 예측하고 있다.

그림2_ 교통 수단별 국제 관광객 도착 실적 및 전망

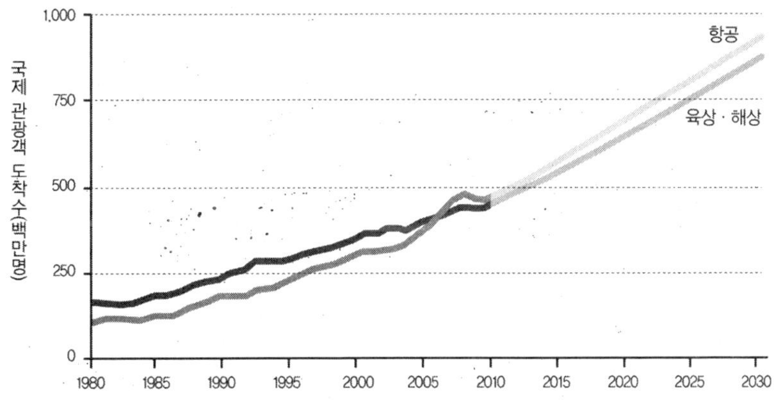

자료: Tourism Towards 2030(UNWTO, 2012)

2.3. 국제관광객의 항공운송 비중

항공은 국제간 관광객 수송에서 큰 비중을 점유하고 있다. 국제간 관광객 수송에 대한 항공수송의 비중은 국가별 위치에 따라 편차가 있으나 다음 국가들의 경우 절대적인 비중을 점유하고 있다.

국제관광객의 항공수송 비중

국가	방문 관광객 항공수송 비중(%)	국가	방문 관광객 항공수송 비중(%)
일본	100	사이프러스	84
대만	100	인디아	83
호주	99	태국	80
뉴질란드	99	그리스	79
필리핀	98	이집트	76
한국	95	싱가폴	74
도미니칸 공화국	94	프에르토 리코	73

자료원: UNWTO, Madrid, 2002

국제 관광객의 육상 및 해상교통 이용은 매년 3.2%, 항공교통 이용은 매년 3.4% 증가하여 2030년에는 항공교통이 국제 관광객 이동의 52%를 담당할 것으로 전망되고 있다(UNWTO, 2012). 따라서 항공사 및 공항이 관광지를 홍보하고 방문을 촉진시킬 수 있는 효과적인 방법을 모색하는 것이 중요하다. 관광업계와 항공업계의 긴밀한 협력이 필요하며, 양 분야에 대한 정책이 상충하지 않고 보완 협력하는 것이 중요하다.

2.4. 국제기구 간 협력

관광과 항공을 주도하고 있는 대표적인 국제기구인 세계관광기구(UNWTO)와 국제민간항공기구(ICAO)에서 근래에 상호연계성의 중요성에 대해 인식하고, 상호협력하기로 하고 있다(UNWTO, 2013). 세계관광기구(UNWTO)는 국제민간항공기구(ICAO)의 제6회 국제항공운송회의(ATConf/6)에서 상호협력서를 교환하고, 비자 촉진, 과세, 항공 규정 현대화 및 관광객 및 기업 보호를 위한 보완규정 구축 등을 핵심 협력 사항으로 합의했다.

"항공운송과 관광산업 정책이 분리될 경우, 대립적이고, 근본적인 불협화음이 발생한다. 이는 여행과 관광사업 개발에 심각한 영향을 초래한다. 따라서 이 공동 성명에 서명한 것은 항공운송과 관광산업의 상호혜택(mutual benefits)이 큰 공동 사안에 대해서 공동보조를 취하기로 한 것"(UNWTO, 2013)이며, 양대 국제기구 간에 차후 협력이 필요한 또 다른 분야는 공항에서 항공여객 서비스 프로세스 관리, 최빈국의 항공 역량 제고, 국제 항공여행과 관광산업에 따른 환경오염 방지 등을 거론하고 있다. 아울러 장거리 관광지, 육지에 둘러싸인 국가, 섬 국가 등에서 관광산업 발전을 위해 항공 운송의 중요성에 대한 인식이 필요함을 언급하고 있다.

세계관광기구(UNWTO)는 2030년 국제관광객 18억 명의 52%는 항공편을 이용할 것으로 예상하고, 조세, 관련 규제, 비자 발급, 기후 변화 등은 항공 및 관광산업의 발전을 위해 국제민간항공기구(ICAO)와 공동으로 논의되어야 할 사안으로 분석하고 있다.

3. 항공 및 관광 정책

항공정책은 상당기간 규제적, 제한적이었음을 상기에서 언급하였다. 항공운송업은 장치산업으로 대부분 국가들이 자국적기 보호 차원에서 운항노선과 운항편수 및 공급 좌석수를 상호 제한해 왔으며, 관광산업은 많은 관광객의 방문을 우선으로 하므로 양 부문에 대한 정책의 방향이 다를 수 있다.

관광은 항공기를 대표로 하는 대중 교통수단의 획기적 발달과 소득수준 향상 등 경제적 여건의 성숙으로 대중관광 시대가 열리게 되었으며 관광객의 여행활동과 관련된 다양한 관광산업이 형성되었다. 관광은 관광객의 여행활동(이동성 제공)과 함께 연관 관광행위자의 활동을 포함하는 종합적인 사회현상으로서 관광객에게 관광서비스를 제공하는 관광사업자, 정부, 비정부조직(NGO), 국제기구 등의 활동을 포함한다(Goeldner and Ritchie, 2006). 관광정책은 "관광문제 해결을 위해 정부가 선택한 행동"으로 정의할 수 있다(이연택, 2012).

다음에서 정책의 의미와 구성요소를 살펴보고 항공성책 및 관광정책에 대해 조망한다.

3.1. 정책의 의미와 구성요소

정책이란 특정한 문제 해결을 위해 정부가 선택한 행동이다. 정책구성요소와 정책유형을 살펴본다.

1) 정책구성요소

정책구성요소에는 정책을 통해 이루고자 하는 정책목표와 정책수단, 정책대상이 있다. 정책목표는 "달성하고자 하는 바람직한 상태"(Dunn, 2008)이며, 정책수단은 "정책목표를 달성하기 위해 필요한 각종 도구나 장치"(Howlett and Ramesh, 2003)이다.

정책수단에는 정책의 실질적 내용을 구성하는 실질적 정책수단과 이 실질적 수단을 실행시키기 위한 도구로서 실행적 정책수단(보조적 정책수단)으로 구분한다. 정책대상은 "정책의 적용을 받게 되는 개인이나 집단"(Birkland, 2005)이며, 정책에 의해 수혜를 입는 수혜집단과 정책에 의해 비용(대가)을 지불해야 하는 비용부담집단으로 구분된다(노화준, 2007).

2) 정책유형

정책은 그 유형을 속성에 따라 분류하거나, 영역에 따라 분류하는 형태로 구분할 수 있다. 속성별 분류는 정책의 내용이나 목적 및 정부가 선택하는 수단이 무엇인지가 기준이 된다(Dunn, 2008; Sparrow, 2000). 이를 기준으로 5가지 정책유형을 들 수 있다(이연택, 2012).

정책의 속성별 분류

형태	내용	사례	주요관점
배분정책 (distributive policy)	정책대상이 필요로 하는 재화나 용역 및 기타 가치를 제공하는 정부의 산출활동	교통, 항만, 공항시설 등 사회간접자본의 확충, 산업지원 대책	배분사업의 효율성, 배분과정의 적절성, 배분대상의 적정성
규제정책 (regulatory policy)	정책대상의 행동을 규제하는 정부의 산출활동(근거-시장실패의 치유책, 거래비용의 최소화)	경제적 규제(시장질서 유지, 특정산업 유지, 사회적 규제(보건, 위생, 환경, 복지)	규제대상의 형평성, 규제내용의 적합성, 규제방식의 적정성
재분배정책 (redistributive pol.)	정책대상의 사회적 복지 및 사회보장을 위해 제공하는 정부의 산출활동	복지프로그램(여행바우처 제도), 건강보험, 국민연금	집단갈등 관리능력(집단 간 이해관계 대립 수반)
구성정책 (constituent policy)	정부조직의 신설, 변경 등 구조조정과 관련한 정부의 산출활동	기술환경변화, 신 사회문제 등장, 정치이념과 관련	정부조직의 항구성으로 시장모형에 대한 고려
상징정책 (symbolic policy)	정책대상의 협력·지지·이해를 도모하기 위해 하는 정부의 산출활동	국가발전 비전제시, 기념일 제정, 행사개최, 공익광고	목표, 대상, 수단 결정의 정책의 공정성 유지

이연택(2012) 활용 논자 재정리

3.2. 항공 정책 동향

항공정책은 그 국제적인 성격으로 인한 국제간의 협상의 산물이며, 대부분의 국가에서 전통적으로 자국 항공사 보호를 위해 엄격한 규제 정책을 유지해 왔다. 역사적으로 여타 산업과 분리하여 독자적으로 취급하여, 다른 산업에의 영향에 대한 고려가 부족하였다. 많은 국가들이 관광산업에 대한 국제항공의 중요성과 규제적인 항공정책이 관광을 제약하고 있다는 인식이 확산되면서 국제항공정책을 수정하기 시작하였다. 그러므로 항공정책 변화의 과정은 규제의 자유화 과정이라고 할 수 있다.

항공운송산업에 있어 규제의 점진적인 철폐는 자유 시장 메커니즘을 바탕으로 효율적인 항공운송산업 구조를 구축하는 데 기여하였으며, 이것이 상호성을 가지고 있는 관광산업에 영향을 미치고 있다. 관광은 항공교통 수요에 영향을 미치는 동인이며, 항공교통은 장거리 여행과 같은 새로운 목적지 형태의 관광을 생성하는 기능을 수행한다. 다음에서 미국의 항공산업 규제자유화 과정과 각국의 항공규제에 대한 입장을 살펴본다.

1) 미국의 항공산업 발전 단계

미국이 항공산업의 발전을 주도하고 있으며, 미국의 항공산업의 발전단계를 살펴볼 필요가 있다. 많은 참고자료들이 미국 항공산업에 집중되어 있기 때문이다. 미국 항공산업 발전에는 네 가지 단계가 있었다. 어떤 지역들은 이 중에 한, 두 가지 단계를 건너뛰어 긍정적이나 부정적인 결과를 가져온 사례가 있다. 이 네 가지 단계는 순차적으로 규제단계 (Regulation), 자유화단계 (Liberalization), 규제완화 단계 (Deregulation)이며, 그리고 가끔 재 규제단계로 (Re-Regulation) 돌아오는 경우가 있다. 그 단계는 다음과 같이 요약할 수 있다 (Wensveen, 2011).

▪ 첫 단계: 규제단계(Regulation)

다수의 항공사들이 엄격한 정부의 규제를 받았던 적이 있다. 이는 항공 요금, 항공노선, 그리고 새로운 항공사의 진입을 포함한다. 규제단계에서 주된 항목은 엄격한 항공사의 소유권 규제, 선택된 비행노선 독점, 제한된 시장 진입, 제한된 비행 빈도, 높은 항공 요금, 곤경에 처한 항공사의 정부 구제, 그리고 항공사의 이익을 창출하려는 노력이다.

▪ 두 번째 단계: 자유화 단계(Liberalization)

자유화 단계에서는, 정부규제가 규제단계 보다 적다. 자유화는 주로 항공산업에 긍정적인 결과를 가져오지만, 한 가지 큰 장벽은 세계 항공산업이 모두 함께 자유화를 선언할 수 없다는 것이다. 그렇지만, 항공산업은 자유화의 필요를 인식하고 2011년 중 국가 간의 양자협상협력이 긍정적인 측면으로 움직이고 있다. 국제항공운송협회(IATA)에 따라, 자유화는 새로운 시장의 확대, 새로운 상품의 다양화, 틈새시장의 특수화, 그리고 이와 같이 변화하는 환경을 따라가지 못한 항공사의 퇴출이 특성이다.

▪ **세 번째 단계: 규제완화 단계(Deregulation)**

규제완화 단계에서는 정부의 항공 요금이나 비행노선 규제가 없어져 모든 항공사들이 자유롭게 경쟁을 할 수 있다. 많은 방면에서, 규제완화 단계는 규제 단계의 정반대라고 할 수 있다. 일반적으로 항공운임이 크게 인하되고, 안전과 서비스는 향상되었다(예: 비행 빈도, 총 비행마일, 정시운항 실적과 오락시설). 미국의 경우, 중소규모 공항들은 시장에 제한된 경쟁 수용력 때문에 규제 완화로 부터 큰 이익을 보지 못했다.

▪ **네 번째 단계: 재 규제 단계(Re-regulation)**

2007년, 미국 항공산업은 항공사들(American Airlines, Northwest Airlines, United Airlines와 Continental Airlines)의 대규모 합병 가능성으로 인해 재 규제를 생각할 수밖에 없게 되었다. 재 규제 단계에서는, 정부의 항공 요금 규제와 실제 총 항공권의 비용이하 판매를 불가하게 할 것이다. 또한, 재 규제를 하게 될 경우, 철도노동법(Railway Labour Act)이 변화 되어 노동조합에서 더 이상 파업을 할 수 없게 될 것이다. 또한, 특정한 항공노선에서 대형 항공기를 사용하여 비행 빈도를 낮출 수 있게 될 것이다. 그리고, 국가내의 항공교통장치를 향상시켜 효율성을 높이고 허브공항(Hub Airport Facilities)에서 지연운항을 대폭 감소할 수 있도록 할 것이다. 항공 업계는 늘어나는 합병과, 항공사의 집중, 그리고 확장으로 재구성을 할 것이라고 예상된다.

2) 관광산업에서의 압력에 따른 항공 규제 자유화 과정과 형태

항공규제 자유화는 미국이 선도하고 있다. 관광산업에서의 항공규제 완화 요구는 1960년대 이래의 스페인의 항공전세기 운항허가가 좋은 사례이다. 스페인 정부는 북 유럽 국가들의 휴가여행자들에게 스페인이 관광 목적지로서 잠재성이 크나 국제관광객이 쉽게 올 수 있게 하기 위해서는 저렴한 항공운임이 필수적임을 인식하게 되었다. 그래서 자국적 항공사가 입게 되는 손실 가능성에도 불구하고, 저렴한 항공운임 제공이 가능한 전세기 운항 외국적 항공사들의 스페인 운항을 허가하여 국제 관광을 촉진하게 되었다.

항공 자유화에 대한 국가들의 태도와 형태는 자국적 항공사의 역량과 국가적 환경에 따라 입장에 차이가 있으며, 다음과 같이 3가지 유형으로 정리할 수 있다. (1) 항공 자유화, 개방화(미국, 싱가폴, 뉴질랜드, 아랍 에미레이트 연방, 칠레 등); (2) 항공 규제(이탈리아, 일본, 중국, 필리핀, 아프리카 및 남미 국가들); (3) 선택적 규제 완화(영국, 호주, 캐나다, 유럽의 몇 국가, 동남아 국가들)이다.

항공 규제에 대한 국가별 입장

항공규제에 대한 입장	국가명	기대 효과
자유화, 개방화	미국, 싱가폴, 뉴질랜드, 아랍 에미레이트 연방, 칠레	항공에 대한 자유 환경이 항공업 및 관광산업 발전에 유익하다고 판단
규제 유지	이탈리아, 일본, 중국, 필리핀, 아프리카 및 남미 국가들	전통적으로 항공 규제 유지
선택적 규제 완화	영국, 호주, 캐나다, 유럽의 몇 국가, 동남아 국가들	자국에 유리한 경우에 한하여 자유화 선택

자료원: Forsyth, P., 2006

항공 자유화는 항공사들로 하여금 시장에 더 많은 공급을 제공하게 되었다. 이는 취항 항공사사 수의 확대, 치열한 경쟁으로 인하여 항공 운임 인하를 유발하였다. 전체적으로 국적사의 단위노선 수익은 확대되나, 단기적인 관점에서 전통 항공사의 점유비중 저하, 수익 악화를 초래하였다. 국가 전체적 관점에서 손익을 정밀하게 산출하여 대처할 필요가 있다. 특정 국제노선에서 어느 국적 항공사가 절대적인 수송점유율을 가지고 있으면서 자국민 수송객수가 많지 않을 때, 항공 자유화는 관광객 증가로 얻는 것 보다 자국 항공사의 손실이 훨씬 클 수 있다. 관광이 경제적 수혜를 가져 온다면 항공 자유화에 의해 촉진된 추가적인 관광효과가 항공자유화 요인이라 할 수 있다.

국제 관광 흐름에 대한 항공 관련 영향으로 항공 규제가 가장 중요한 요인을 대표하는 한편, 국가들이 여타의 항공 차원의 정책을 부과하여 관광에 영향을 주기도 한다. 이에는 항공여행세, 공항세 등의 부과이며, 이것이 관광수요에 영향을 주는 것은 당연하다.

3.3. 관광 관련 항공운송 영향 요인

2001년 미국테러사건 후, 세계항공사는 네 가지의 진화를 겪었다. 생존 (Survive), 적응(Adapt), 회복(Recover), 재충전(Rethink)이다. 재충전(Rethink) 단계는 항상 진행 중이어야 하며 세계 항공사들이 본사의 비즈니스 모델을 바꿔가며 안전과 효율성은 유지하며 이익을 창출해야 한다. 지난 약 십년간, 세계 항공업계를 흔드는 많은 일들이 일어났다. 예를 들어, 2003년 사스(SARS) 질병의 발생, 계속되는 이라크 전쟁, 아프가니스탄 전쟁, 그리고 2008 금융공황 등이 있다.

이러한 상황들은 관광수요의 위축을 초래하고 항공업계에도 부정적인 영향을 주게 된다. 항공사들은 이와 같은 시나리오로 부터 항상 준비가 되어 있어야 하며, 적응력이 뛰어난 사업계획(Business Plan)을 구성하여 어느 환경에서도 살아남을 수 있어야 한다. 역사적으로, 전통항공사들(Legacy Carriers)은 변화하는 경제와 환경에 저가 항공사(Low Cost Carriers)보다 약했던 이유는 저가 항공사들은 바뀌어가는 환경에 잘 적응할 수 있는 사업계획(Business Plan)을 만들었기 때문이다(Wensveen, 2011). 다음에서 다양한 환경요인이 관광과 항공운송에 어떠한 영향을 주는지를 분석하였다.

관광 관련 항공운송 영향요인

분야	요인	결과
정치적 불안과 테러	국가의 정치적 상황	정치적 불안은 관광객 감소로 귀결
	테러리즘	관광객 이동에 최악의 여향
경제적 요인	세계적인 재정적 후퇴(경제불황)	관광객 이동 감소
	화폐 기복	환율 약화는 여행비용 상승 및 반대도 성립
	여행비용	여행비용 상승은 여행 위축
	소득증대	여행소비 상승
환경적 요인	계절성과 공해	특정기간 관광객 이동 감소 또는 증가
비 경제적 요인	목적지 선택 및 공급제한	관광객 증가는 목적지국가의 설비에 영향
	구전(WOM) 및 소비자 자신감	호불호 메시지는 관광객 이동에 영향

Graham, 2006; Li, 2008; Naudee and Saayman, 2005 참고 새정리

대부분의 항공사들에게 있어서 정치사회적 환경요인 이외에도 운영비용 상승 문제가 중요한 과제가 된다. 항공사들의 연료비, 인건비 그리고 보수비/유지비가 가장 많은 비용을 차지한다. 미국의 경우, IATA에 따르면 2010년 총 영업비용의 40%가 연료였다. 실제 연료비용은 지역, 나라, 기업 마다 다를 수 있다. 미국에서는 항공운송협회(ATA: Air Transport Association)에서 비용을 측정한 항공여객비용지표(Passenger Airline Cost Index)를 매년 4번 발표한다. 비용측정 시 사용한 항목들은 연료, 인건비, 항공기 임대료, 비항공기 임대료, 음식과 음료, 착륙료, 정비비, 항공기 보험료, 비항공기 보험료, 수수료(Commission), 통신 시스템, 광고, 문구류, 수송비 등이 포함된다. 항공운송에 있어서 원가상승은 관광 상품 가격 상승으로 연결되어 수요 위축으로 작용하게 된다.

미국 연방 정부는 항공자유화(open-skies)협정과 단체레저여행 상품 판매를 위한 중국과의 시장 개방 양해각서(MOU)를 포함하여, 최근 미국 관광시장 장벽을 제거하였다. 항공자유화 협정은 미국과 외국의 항공서비스를 자유화하는 것으로 2012년 현재 105개국과 협상을 완료하였다. 목적지와 운항편수를 정부가 아닌 항공사가 결정할 수 있게 됨에 따라 방문객들의 여행상품 선택의 폭이 넓어졌다. 동시에 여행서비스에 대한 장벽이 제거되어 추가적인 수요 창출에 기여하고 있다(Wensveen, 2011).

3.4. 항공-관광 정책의 상호작용 사례

항공과 관광의 정책에 있어서 상충적인 효과에 대한 통제와 대응이 과제가 되고 있다. 많은 국가들이 항공과 관광정책을 입안할 때 상호작용(trade-offs)을 직면한다. 정부 당국은 항공사들에게서 노선 확대를 통해 운항권을 확대하도록 하는 요청과 함께, 경쟁으로부터 보호해 달라는 요청 등의 압력을 받는 한편, 관광산업을 개발하기를 원하고 있다. 다음 사례는 항공 정책을 결정하는데 있어서 항공과 관광의 이해에서 균형을 유지해야 했던 사례들이다(Forsyth, P., 2006).

1) 스페인 사례

1960년대와 1970년대 스페인의 전세노선 운항허가 사례를 들 수 있다. 스페인 정부는 북유럽 국가들의 휴가 여행자들에게 스페인이 관광 목적지로서 잠재성이 크나, 국제관광객의 접근성을 높이기 위해서는 저렴한 항공운임이 필수적임을 인식하게 되었다. 이에 따라 상대적으로 항공운임이 낮은 외국 국적의 전세기 운항 항공사들을 유치하여 국제관광을 촉진하였다.

노선을 전세기 항공사에 개방함으로써 이를 달성할 수 있었다. 이의 결과 남부 유럽 국가들 특히 스페인은 북유럽의 관광객 붐을 이룰 수 있었다. 대부분의 전세기 항공사들의 국적은 출발지국으로 영국이나 독일이었다. 스페인은 자국의 항공 이익을 희생할 준비를 하였고, 그들의 항공사들의 스페인 행 항공 수송량은 상대적으로 적었으나, 관광산업을 자극하는 데는 성공하였다. 항공사들과 관광 개발 간의 혜택의 상호작용을 관리한 초기 사례의 하나이다.

2) 싱가폴 항공 사례

(가) 싱가폴 항공의 6자유 노선

항공사를 보호할 것인가 관광 개발을 허용할 것인가를 선택할 것인가 하는 초기 사례의 하나로 1970년대와 1980년대 초반 호주와 유럽 간 장거리 노선에서 찾을 수 있다(Findlay, 1985). 이때까지 이 노선에서는 유럽과 호주항공사에 의해 운항되고 있었다. 싱가폴항공(SQ)이 경쟁력을 점진적으로 확대하여 유럽-호주 시장에 진입할 계획을 추진하였다.

싱가폴항공은 호주-동남아 노선권을 보유함은 물론 동남아-유럽 노선권을 가지고 있으므로, 이를 병합하여 6자유를 기반으로 하여, 유럽발 호주행 승객을 수송할 수 있었다. 그러나 이는 유럽과 호주 항공사들의 시장을 잠식하는 것으로 생존을 위협하는 것이 된다. 때문에 호주 정부는 SQ의 유럽노선 진입을 규제하기 위한 방안으로, 동남아-호주 구간 공급을 제한하여, 한정된 고객 수송량 수준을 유지하도록 통제하였다. 한편 호주 정부는 저렴한 운임으로 유럽여행을 원하는 호주 여행객들의 압력을 함께 받고 있었다.

호주 정부는 결국 저렴한 여행을 원하는 호주의 아웃바운드 여행객들과 유럽으로부터의 인바운드 여행객들이 더 중요하다고 판단하여 자국 항공사 보호를 위해 동남아-호주 노선 공급을 제한하던 정책을 중단하게 되었다. 그 결과 유럽발 호주행 관광객이 기록적으로 증가하기 시작하였다. 비록 유럽-호주 노선에서 동남아 및 중동의 6자유 기반 항공사들이 수송량의 대부분을 차지하고 있지만, 호주 항공사도 적응하여 해당노선에서 생존하고 있다.

(나) 호주-미국 간의 운항신청

2005년 싱가폴항공(SQ)은 호주-미국 노선 운항권을 호주 정부에 신청하였다. 동 노선은 호주 콴타스항공(Qantas)과 미국 유나이티드 항공(UA)이 독점하고 있고 수익성이 매우 좋았다. 이러한 사례는 2개 외국간의 직접적인 운항신청으로 매우 이례적인 것이 된다. 동 사례는 전제적 조건으로 관광 수혜(tourism benefits)에 대한 양적 측정으로 평가하는 사례의 첫 번째 경우이기 때문이다. 만약 SQ에게 동노선을 허가하게 되면 호주항공사는 시장 점유와 수익을 잃게 된다. 반면에 항공운임이 인하되고, 이는 호주 관광객들에게 도움이 될 것이며, 양방향의 관광 흐름은 증가할 것이다.

호주 정책당국과 싱가폴항공은 호주의 관광 효익 규모 측정을 위한 모델을 설정하였다. 결국 호주 정부는 관광 수혜가 호주 항공사가 지불하게 될 비용을 충분히 상쇄할 수 있을지에 대해 확신하지 못한다는 이유로 싱가폴항공의 신청 허가를 거절하였다.

3) 지역 내의 관광과 지방공항 정책

관광-항공의 상호작용은 국가 수준에서만 나타나지 않으며, 지방 수준에서 명확히 발생할 수 있다. 지방공항의 정책이 그 지역 관광 성장을 자극하는 중요한 역할을 한다. 유럽의 항공 시장 개방에서 지방공항이 중요한 역할을 하였다. LCC가 급격히 신장해 왔으나 대도시 중심 공항에의 접근은 쉽지 않았다. 뿐만 아니라 이들은 공항이용료의 비용 수준에 아주 민감하며, 이를 이용하는 고객들도 저운임을 위해 먼거리에 있는 지방공항을 이용하는 것을 주저하지 않는다. 이에 LCC들은 좋은 조건을 주는 공항을 찾게 되며, 지방정부는 이것이 지역 관광 활성화의 기회로 활용한다. 지방공항이 LCC 운항조건에 매력적이게 되고, 지역 방문객이 늘어나 지역에서 머무는 시간이 증가하게 되면 관광 효익을 창출하게 된다(Barrett, 2004a).

이러한 사유로 많은 지방정부들은 LCC의 지방공항 유인책을 사용한다. 이를 위해 지역의 공항에 보조금을 지급한다. 지방정부 관점에서 관광 편익이 얼마나 크고 LCC에 매력적인 조건 조성을 위한 비용이 얼마나 되는지를 측정하는 것이 필요하게 된다. 지방정부 차원을 넘어서는 정책적인 문제로서 한 지방의 공항이 많은 항공편을 유치하고 동 지역에 관광객이 지불하는 비용이 증가하게 되면, 인근 여타 지역에는 항공편 감소와 관광 편익 저하가 발생한다는 문제이다. 지역 공항이 이미 매우 혼잡하고, 도시 교통 정체가 심하다면 문제가 없다. 그러나 한정된 관광객을 두고 지방정부간에 보조금 지급 경쟁을 벌인다면 국가적 차원에서는 손실이 될 수 있다. 그러므로 유럽 정부의 경우 지방공항의 보조금 지급문제를 다루는 기구를 두고 운영하고 있다(Barrett, 2006).

3.5. 항공–관광 정책과 관광 편익의 측정

1) 항공–관광 정책의 균형

전통적으로 항공과 관광의 상호 연계성에 대한 인식은 제한적이었다. 경제적 이익의 원천의 하나로 많은 국가들이 점차적으로 관광 진흥에 관심을 갖게 되었으며, 국제항공 규제가 관광에 부정적인 영향을 준다는 보편적인 인식을 하게 되었다. 이에 따라 항공 자유화가 점진적이고 단계적으로 확대되고 있으며, 이것이 관광산업의 성장을 촉진하는 기능을 수행한다.

항공 자유화는 일반적으로 관광분야에는 수혜적 영향을 미치나 단기적으로 자국 항공사에 부정적 영향을 미칠 수 있다. 따라서 국가들은 자국적 항공사의 이해와 자국 여행객의 편익 및 자국행 인바운드 관광으로부터의 편익이 균형을 갖출 수 있도록 하는 노력이 필요하게 된다.

최근 국가들은 항공 자유화에 대한 비용편익분석의 계량화를 시도하고 있으며, 이를 근거로 항공-관광 분야에 균형적인 정책 수립을 위한 노력을 지속하고 있다.

2) 관광 편익(Tourism Benefits)의 측정

많은 국가들이 인바운드 관광 확대가 자국 경제에 긍정적인 편익을 가져오는 것으로 간주하고 있다. 그럼에도 불구하고 관광의 경제적 편익에 대한 정밀한 분석은 드물다. 관광 편익에 대한 이론으로 인바운드 관광이 경제 활동을 자극하며, 국가 내부에서 관광서비스 제공 원가 보다 높게 관광 서비스를 판매함으로써 국가적으로 이익이라고 설명하고 있다(Forsyth, P., 2006).

인바운드 관광으로 인한 관광객이 추가적으로 지불한 비용 효과는 크고, 국가적 수준 보다는 지역적으로 볼 때 더욱 그러하다. 특정 지역에서 관광을 활성화하면, 예를 들어 LCC가 지방 공항에 새로운 서비스를 개시하면 해당지역의 경제적 활동을 촉진하게 된다.

관광의 경제적 편익 측정을 위한 정밀한 시도는 상대적으로 적다. 편익 측정 모형을 다음과 같이 3가지로 정리할 수 있다(Forsyth, P., 2006).

(가) 투입-산출 모형

많은 경우에 비용에 비해 상대적으로 효과가 큰 것으로 간주해왔다. 이 경우 투입-산출 모형을 적용해 산출한다.

(나) 부분균형 모형

관광 제공을 위한 비용과 관광으로부터 얻는 경제적 수익을 비교하는 방법이다(Victorian Auditor General's Office, 2007).

(다) 연산가능 일반균형(CGE: computable general equilibrium) 모형

생산 · 소비 · 투자 · 정부지출 등 국내 경제부문들과 수출입 등 대외 부문이 상호의존적으로 반응하는 상황에서 정책변화나 특정사건의 효과를 연산할 수 있도록 만든 모형이다. 자원 제약, 요인 및 상품시장, 소비자와 정부의 행동 등 요소를 고려한 경제적 완전 모형으로 경제학자들이 사용하기 시작하였다(Dixon and Parmenter, 1996). 동 모형은 항공 수송 자유화에 의해 유발된 부가적인 인바운드 관광 등과 같은 관광 변화가 GDP와 고용에 얼마나 경제적 영향을 미치는지를 측정하는 좋은 방식을 제공하였다.

정책 관점에서 핵심적인 질문은 관광 효과는 얼마나 큰가하는 것이다. 정책 스탠스 결정에 있어서, 항공노선 자유화 여부는 관광 효과가 여타 비용을 상쇄할 수 있는지가 중요하다. 항공 자유화에 의한 비용과 효과는 계량화되어 왔으나(Gillen, Harris and Oum, 1996), 관광 효과는 그러하지 못하였다. 관광 효과가 얼마나 큰지 여부에 따라 어떤 정책을 추진할지를 결정할 수 있을 것이다.

4. 결론 및 시사점

항공과 관광의 상호 연계성은 명확하나 많은 주목을 받아오지 못하였다. 국가들은 관광산업의 경제적 파급효과를 인식하기 시작하였고, 관광 진흥에 관심을 두게 되었다. 국제 항공 규제가 관광에 부정적인 영향을 준다는 보편적 인식을 기반으로, 항공 자유화는 점진적이고 단계적으로 확대되어 왔다. 근래에 와서 많은 국가들이 관광과 항공 정책 간의 상호 상충적 효과에 대해 주목하고, 항공 규제 자유화를 통한 관광산업 진흥 전략을 추진하고 있다.

항공과 관광정책의 연계성에 대한 선행연구 및 관련 자료가 많지 않아 본 연구 결과는 기대했던 바에 미치지 못한 아쉬운 측면이 있으나 다음과 같은 시사점을 도출할 수 있었다.

첫째, 항공과 관광의 상호 연계성에 대한 국제적 인식의 확장이 이루어지고 있다는 점이다. 관광과 항공의 발전을 위해서 양분야의 대표적인 국제기구인 세계관광기구(UNWTO)와 국제민간항공기구(ICAO)에서 상호 협력을 강화하는 공동노력을 전개하고 있다. 이와 함께 각국 정부 또는 업계 차원에서도 활발한 협력 논의가 진행되고 있다.

둘째, 항공에 대한 규제의 자유화가 국제적 추세이나 각국의 환경에 따라 대응 방식에 차이가 있었다. 자유화, 규제유지, 선택적 자유화 정책으로 구분되며, 정책대안의 마련과 선택에 있어 항공 규제완화의 장단기적 비용-편익에 대한 면밀한 검토가 필요하다고 할 수 있다.

셋째, 항공과 관광 정책의 선택에 있어서, 국가적인 차원과 지방정부의 입장에서 정책 대안 마련과 선택에 대한 환경의 차이가 있을 수 있다는 점이다. 중앙정부 및 지방정부의 적절한 통제와 협력이 필요함을 시사하고 있다. 국가 또는 지방 경제 활성화 차원에서 관광산업 진흥을 위해 다양한 정책을 검토해 볼 수 있을 것으로 판단된다.

넷째, 정책대안을 위해서는 항공에 대한 영향과 관광 편익과의 비교를 위해 항공손실 및 관광편익 규모의 산출이 필요하다. 시장 개방은 일반적으로 관광에는 좋으나 자국적 항공사에게는 고통이 될 수 있고, 특히 단기적으로는 그러하다. 그러므로 국가들은 자국 항공사들 이해와 자국 여행객들의 편익 및 자국행 인바운드 관광으로부터의 편익이 균형을 갖출 수 있도록 노력하고 있다.

다섯째, 항공과 관광 정책을 입안하고 추진하기 위해서는 정책구성요소는 물론 정책시행에 대한 효율성, 적정성, 공정성 등에 대한 철저한 준비가 필요하다는 점이다.

연구자의 역량과 환경적인 한계성으로 탐색적 차원의 연구에 만족할 수밖에 없다. 현재 국내외적으로 항공사와 자국 여행객들의 비용 편익에 대한 측정은 비교적 다수 시도 되어 왔으나, 증가된 입국(inbound)관광객으로부터 발생한 경제적 편익 규모 측정에 대한 연구는 한정적이다. 이에 대한 연구와 분석이 필요하다. 항공정책의 국가적인 파급효과를 고려할 때, 우선 국내 지방공항 활성화 내지 지역경제 활성화를 추진하는 정책의 일환으로 시도할 필요성이 있다. 항공과 관광 연계 정책의 구체적인 추진 전략에 대한 연구가 후속 과제의 하나이다.

참고문헌

노화준(2007), 정책평가론(4판), 법문사.
심원섭(2011), 해외 관광정책 추진사례와 향후 정책방향, 한국문화관광연구원.
유지윤(2003), 세계 주요국가 관광정책 동향 및 사례분석, 한국문화관광정책연구원.
이연택(2012), 관광정책학, 백산출판사.

Birkland, T.(2005), An Introduction to the Policy Process: Theories, Concepts, and Models of Public Policy Making(2nd ed.), Armonk, M. E. Sharpe.

Barrett, S. (1987), Flying High – Airline Price and European Deregulation (London: Gower).

Barrett, S.(2004a), Airports and Communities in a Deregulated Market, in Hamburg Aviation Conference, 20 February, Hamburg.

Barrett, S.(2004b), 'How do Demands for Airport Services differ between Full-Service Carriers and low-cost carriers?', Journal of Air Transport Management 10, 33–9.

Barrett, S.(2004c), 'The Sustainability of the Ryanair Model', International Journal of Transport Management 2, 89–98.

Dixon, P. and Parmenter, B. (1996), 'Computable General Equilibrium Modelling for Policy Analysis and Forecasting' in H. Aman, D. Kendrick & J. Rust (ed), Handbook of Computational Economics (Oxford: Elsevier), 1, 4–85.

Dunn, W.,(2008), Public Policy Anlysis: An Introduction(4th ed.), Englewood Cliffs: Pretice Hall.

Findlay, C. (1985), The Flying Kangaroo: an Endangered Species? An Economic Perspective of Australian International Civil Aviation Policy (Sydney: Allen and Unwin).

Forsyth, P. (2006), 'Tourism Benefits and Aviation Policy', Journal of Air Transport Management 12:1, 3–13.

Forsyth, P.(2007), 'The Impacts of Emerging Aviation Trends on Airport Infrastructure', Journal of Air Transport Management 13:1, 45–51.

Forsyth, P., King, J. and Rodolfo L. (2006), 'Open Skies in ASEAN', Journal of Air Transport Management 12:2, 143–52.

Goeldner, C., Ritchie, B.,McIntosh, R.,(2006). Tourism: Principles, Practices, Philosophies(8th ed.), John Wiley & Sons.

Graham, A. (2006), "Have the major forces driving leisure airline traffic changed?" Journal of Air Transport Management, 12, 14-20.

Graham, A., Papatheodorou, A., Forsyth, P.,(2008), Aviation and Tourism: Implications for Leisure Travel, Ashigate.

Howlett, M., Ramesh, M.,(2003), Studying Public Policy: Policy Cycles and Policy Subsystems(2nd ed.), University of Toronto Press.

IATA(International Air Transport Association)/United Nations World Tourism Organisation (2002), General Guidelines for using Data on International Air Passenger Traffic for Tourism Analysis (Madrid: UNWTO).

Li, Gang (2008), " The Nature of Leisure Travel Demand," in Graham,A., Papatheodorou, A. and Forsyth, P eds."Aviation and Tourism, Implications for Leisure Travel, 2008" TJ international Ltd, Padstow, Cornwall, Great Britain.

Naudee, W.A., and Saayman, A.(2005), "Determinants of tourists arrivals in Africa: A panel data regression analysis", Tourism Economics, 11(3), 365-391. In Khadaroo, J and Seetanah, B (2008), The role of transport infrastructure in international tourism development: A gravity model approach, Tourism Management 29(2008) 831-840.

Page, Stephen J.,(2009), Tourism Management, 3rd ed. Elsevier.

Shaw, S and Thomas, C (2006), "Social and Cultural Dimensions of Air Travel Demand: Hypermobility in the UK?", Journal of Sustainable Tourism 14, 209-15. In Graham,A., Papatheodorou, A. and Forsyth, P eds."Aviation and Tourism, Implications for Leisure Travel, 2008" TJ international Ltd, Padstow, Cornwall, Great Britain.

Spaarrow, M.,(2000), The Regulatory Craft: Controlling Risks, Solving Problems and Managing Compliance, Brookings Institution Press.

Victorian Auditor General's Office (2007), State Investment in Major Events (Melbourne: Victorian Government Printer).

Wensveen, John G.,(2011), Air Transportation: A Management Perspective, 7th ed. Ashgate.

Williams, A.M and Balaz (2000), "Tourism in Transition: Economic Change in Central Europe," (London: IB.Tauris) In Graham,A., Papatheodorou, A. and Forsyth, P eds.,"Aviation and Tourism, Implications for Leisure Travel, 2008" TJ international Ltd, Padstow, Cornwall, Great Britain.

IATA(http://www.iata.org /International Air Transport Association)
ICAO(http://www.icao.int /International Civil Aviation Organization)
UNWTO(http://www.unwto.org /United Nations World Tourism Organization)

03

관광과 인터넷

인터넷 발전과 유통구조 변화 – 항공여행 유통을 중심으로

* 본 논문은 한국항공경영학회의 2008년 추계학술발표대회(2008년 11월, 남서울대학교) 자료집(pp.75-98)에서 전재합니다.

인터넷 발전과 유통구조 변화
– 항공여행 유통을 중심으로

김병헌(한국관광대학),
윤문길(한국항공대학교)

▪ 국문초록 ▪

인터넷의 등장과 디지털화를 포함한 IT기술 발전은 산업과 문화,사회 전반에 큰 변화를 초래하였으며, 특히 웹2.0은 참여와 개방과 공유라는 기치로 사회 환경 변화에 커다란 동인이 되고 있다. 웹2.0이 제공한 기술 환경은 정보 생산의 양과 다양성 확대는 물론 생산된 정보의 전파 속도 또한 획기적이다. 소수의 공급자가 정보를 독점하고 제품과 서비스를 정해진 유통채널에 따라 제공하던 전통적 구도에 큰 변화를 초래하였다. 웹2.0은 양방향성과 그 역동성으로 공급자의 유통경로 배제 시도와 함께 소비자 주도의 경제가 가능한 환경을 조성하였다. 공급자와 소비자를 연결하여 유통구조 양방향에 대해 상대적인 가치를 제공함으로써 존재해 온 중간 유통경로상 참여자에게도 새로이 형성된 환경은 위기와 함께 기회를 제공하였다. 공급사와 소비자의 직거래 확대, 새로운 전자적 유통기관의 등장과 이에 따른 전통적 참여자들의 대응 등 유통경로의 다양화와 구조변화가 지속적으로 진행된다. 공급자는 유통비용절감을 위해 유통경로를 우회하는 소비자와 직접적인 거래를 지속적으로 확대할 것이며, 발전하는 기술은 이를 더욱 촉진할 수 있는 환경을 제공할 것이다. 유통경로상의 중개-탈중개-재중개의 과정은 산업의 구조나 형태와 환경에 따라 차이가 있을 수 있으나 기술 발전 과정에서 반복적인 재현 현상을 보일 것으로 보인다. 유통환경변화의 예시 산업으로 항공여행업의 유통 구조변화를 조망한다.

주제어_ 웹2.0, 유통경로, 중개(중개상), 탈중개(탈중간상), 재중개(재중간상), 항공여행업, 전자상거래, e-비즈니스, 인터넷

1. 서 론

시간과 공간의 제약을 초월한 정보의 이동을 가능하게 한 인터넷의 등장은 현대사회의 발전과 변화에 큰 동인을 제공하였다. 정보기술 발전과정상 디지털 기술은 정보의 저장. 재구성. 압축. 전송이 획기적으로 가능하도록 하였고,

그 양과 속도와 질은 새로운 차원이 되었다. 디지털 기술과 함께 정보의 교환과 확산을 매개하는 네트워크 기술의 인터넷을 통한 결합은 현격한 시너지 효과를 창출하게 되어 네트워크를 통한 디지털 정보 활용성과 효율성을 극대화하고 이는 인터넷 혁명을 유발한 주요한 요소가 되었다. 이러한 정보의 자유로운 교환과 확산은 유통환경에 커다란 변화를 초래하여 기존의 전통적 유통경로와 다른 유통구조가 형성되는 계기를 제공하였다.

웹이 본격적으로 사용되기 시작한 1990년대 중반은 인터넷이나 웹에 대한 기대가 대단하였다. 인터넷은 우리의 생활 패턴과 기업의 비즈니스 모델을 완전히 바꿀 것이며, 이에 적응하지 못하는 기업은 시장에서 완전히 퇴출될 것이라는 전망을 하였다. 초기 웹에 대한 전망에서 인터넷을 사용하면 소비자가 원하는 상품이나 서비스를 정확히 알 수 있어 고객이 원하는 것을 제대로 전달할 수 있다거나, 웹상의 정보 탐색과 취득 비용은 0에 가깝기 때문에 소비자들이 시장에서 경쟁 중인 상품과 서비스를 완전하게 비교 검토할 수 있으므로 거래비용이 전혀 없는 완전시장에 근접할 것으로까지 예상하였다. 그런데, 이와 같은 웹에 대한 환상은 길지 못하였다. 정보 검색 비용은 0이 될 수 없으며, 노력과 시간 이 많이 들고, 웹은 완전시장이 아니며, 웹에서 개개인을 위한 맞춤 정보의 제공은 난제임을 자각하게 되었다. 1990년대 말과 2000년대 초반의 닷컴 기업 붕괴를 경험하며, 웹에 대한 기대 수준의 최저점을 지났으며, 현재는 잠재력의 실현(Slope of Enlightenment) 단계로서 이러한 현상을 포괄하여 웹2.0으로 부르는 것으로도 볼 수도 있다. (이준기 등, 웹2.0비즈니스전략, 2007)

초기 인터넷은 가입자들이 원하는 정보만을 선별적으로 이메일(e-mail)을 통해 보내 주거나, 원하는 정보만을 볼 수 있게 하는 웹 캐스팅(web casting) 등의 서비스가 제공되는 환경이었다. 서비스 공급자 입장에서 고객의 취향을 분석하여 그 결과에 따라 계획한 서비스를 제공하면(push) 되는 상황이었다. 정보기술의 발전에 따른 고객의 욕구 증가는 사용자들이 데이터와 서비스를 수동적으로 받는 기존의 일방적인 정보제공의 프로세스에서 만족할 수 없게 되었다. 초기의 웹 사용자들은 웹을 사용할 때 오프라인에서 사용하는 개념과 틀을 웹상에서 대응하여 구현하려고 노력하였다. 그러나 시행착오를 거치며 웹에 익숙해지고 새로운 기술이 등장하면서 웹이 오프라인과는 매우 다른 특성을 가졌음을 인식하게 되어 웹을 사용하는 방식의 변화를 가져왔고 이를 웹2.0으로 명명하게 되었다.

웹2.0의 등장은 개방과 참여와 공유를 기반으로 한 양방향성의 태동이다. 이는 플랫폼으로서의 네트워크이며, 모든 연결된 디바이스를 포괄하고, 플랫폼에 내재된 장점을 잘 이용하는 애플리케이션을 포함하며, 자유롭게 정보와 네트워크를 활용하는 사용자의 참여를 통해 핵심가치를 창출하는 개방형 서비스 구조 기반의 인터넷 서비스를 의미한다. 따라서 웹2.0환경하의 인터넷은 그 자체가 정보유통의 경로가 되며, 다면적인 유통경로이면서 가상세계 상의 실재하는 유통기관으로 존립이 가능하다. 이는 유통구조와 환경에 커다란 변화의 동인을 제공하였다. 본고는 웹 환경으로 조성된 유통경로변화에 대한 연구동향과 유통경로에 영향을 주는 기술변화를 조망하고, 이와 같은 환경변화에서 전통적 유통경로상의 참여자들인 중간상과 신 유통경로상의 새로운 참여자들은 새로운 유통환경에서 어떠한 선택 대안이 가능하며, 바람직한 선택방향은 어떠한지에 대해 항공여행 유통구조를 사례로 살펴보고자 한다.

2. 유통경로변화

2.1. 유통경로 변화에 대한 쟁점

신고전경제학에서는 정보유통의 비용이 적어 시장의 균형이 즉각적으로 이루어지는 시장을 비마찰적 시장(frictionless market)이라 한다. 인터넷 유통경로의 출현은 이를 통한 정보유통비용의 감소로 비마찰적 시장에 가까운 시장으로 귀결될 것이라는 가설을 제기한다. 디지털 환경에서 전통적 유통구조의 변화와 새로운 유통기관의 등장 등 유통과정과 환경상의 변화에서 형성된 유통시장은 기존의 유통시장과 어떤 차이가 있는가의 문제이다. 인터넷 시장환경은 비마찰적 시장가설(frictionless market hypothesis)이 직접 통용되는 시장으로 인식하는 논지이다. 웹2.0의 개방구조에서 정보의 즉각적인 접근성과 확산성은 비마찰적 시장을 실현시키는 것으로 주장된다. 일반적으로 비마찰적 시장은 시장경제의 메커니즘이 더 효율적으로 달성되는 효율적 시장으로 간주되어 왔다.

이와 관련하여 온라인 시장이 오프라인 시장에 비해 더 효율적인가? 하는 문제를 연구과제로 삼는다. 여기에서 비마찰적 시장가설은 중간상 시장구조의 해체에 대한 논의로 귀결된다. 중간상의 존립 근거는 생산과 소비의 시간적, 장소적 격차와 소유권의 이동에 기인하므로 효율적 시장이 달성되어 격차의 의미가 없어진다면 유통구조상에서 중간상의 배제는 불가피한 귀결이라는 것이다. 이를 탈중간화 가설(disintermediation hypothesis)이라 한다. 이 가설은 초기 상당한 지지를 받았으나 특정의 한정된 분야 이외에 모든 영역에서 중간상이 배제될 것이라는 주장은 현실성이 적어졌다.

다음으로 언급되는 문제는 중간상이 배제되는 속도와 새로운 환경에 적응하여 형성되는 신중간상의 발생속도에 대한 논의이다. 결국 새로운 중간상의 역할과 형태에 대한 논의이며, 새로운 경로한경의 대두는 기존 경로 구성원에게 대응 방식의 변화를 초래하게 되고 새로운 경로 환경에 근거해 신생한 유통경로는 다시 기존 경로구성원의 대응방식에 반응하게 된다. 이는 온-오프라인 유통경로를 동시에 운영하는 혼성경로관리(hybrid channel management)문제라고 할 수 있다.

디지털 환경에서 새롭게 부각된 기존의 재화에 대한 인식의 변화문제이다. 디지털 경제 이전에 물적 소비의 대상인 물리적 재화와 인적 소비의 대상인 서비스가 주요한 재화였다면 여기에 부가하여 정보의 중요성이 강화되는 디지털 경제구조에서는 정보재(information goods)가 새로운 재화의 유형으로 특성화 된다. 정보의 가치평가의 불확실성, 배타적 소유의 불가능성 등의 이유로 재화의 한 유형으로 취급하기 어려운 점이 있으나 이를 하나의 재화로 인식하지 않고는 디지털 환경하의 마케팅 활동을 설명하기도 쉽지 않다. 정보재의 성립과정과 성격, 정보재 유통을 통한 마케팅 경로 차별화 방안에 대한 논의가 필요한 시점이다.

유통경로는 많은 독립적인 경로 구성원이 상호의존하며 하나의 목표를 추구하는 복합체 시스템이다. 유통경로 구성원의 관계에 대해 디지털 환경이 미치는 영향에 대한 문제도 관심영역이다. 1980년대 후반에 대두한 유통경로 변화에 대한 인식은 거래지향적인 관점에서 관계지향적인 관점으로 이동하고 있다. 불확실한 시장 상황에 대응하기 위해서는 일회성의 거래 성과의 달성만으로는 부족하며 성공적인 대응 전략 방향은 유통경로 구성원의 관계 긴밀화가 과제가 될 것이다.

2.2. 유통경로 변화에 대한 연구 동향

1) 경로배제위협 논쟁

Malone(1987) *et al.*은 인터넷 시장의 특성으로 거래비용절감이 가능해지게 되어 종전에는 공급자로부터 납품을 받거나 자신들이 생산을 하던 구매자(buyer)들이 전자적 시장 환경에서는 재화나 서비스를 시장으로부터 확보할 것이라고 예측하였다. 이 같은 효과를 중개효과(brokerage effect)라고 한다. 인터넷 시장으로부터 기업이 획득할 수 있는 효익은

- 거래비용의 절감: 정보탐색, 정보공유와 모니터링, 표준화 등의 비용 절감
- 합리적 가격구조: 경쟁심화와 규모의 경제가 가능하여 합리적인 가격구조 형성
- 의사결정 용이성: 수요와 공급에 대한 가시성 증가로 의사결정의 용이성 증가
- 공급자 혁신성: 경쟁심화 결과로 조직의 혁신성이 확대됨

이러한 효과로 새로운 형태의 인터넷 시장 생성이 활발해 질 것이고, 대부분의 거래는 개방된 시장으로 이동하게 될 것이며, 중간상은 배제될 것이다.

경로배제위협 가설에 대한 견해	연구자	주장 내용
공급자와 소비자의 직거래 잠재력 발휘 과정에서 중간상이 배제 됨	Malone, Yates and Benjamin(1987)	공급자의 거래비용이 감소하므로 위계구조보다는 시장형구조가 등장함.
	Benjamin and Wigend(1995)	중간상이 배제되면 소비자 가격이 하락할 수 있음
	Davenport(1998)	비용감소, 속도증가, 리엔지니어링의 결과로 중간상이 배제됨
	Topscott(1997)	음반, 금융, 소매, 조달, 보험, 부동산 등에서 경로 배제위협 현상 보임
중간상이 유통기능과 구조의 재조정을 통해 유통 기능을 담당함	Sarker, Brian and Steinfield(1995, 1998)	거래비용분석에 대한 재검토를 통해 중간상의 진화경로에 대해 설명(1995), 시장구조에 대해 확장(1998)
	Bailey and Bakos(1997)	정보, 신뢰, 집적, 거래자 연결의 중간상 기능이 있음
	Bakos(1997,1998)	전자적 시장 활성화에는 거래자 연결, 거래 형성, 제도적 하부구조의 기능이 필요함.
	Forrester(1999)	시장형성자의 유형으로 거래 집적자, 온라인 경매자, 현물교환시장을 제시함.
	Zwass(1998)	중간상의 작용을 통해 가격 발견 과정, 거래 과정의 보증 기능이 필요함.
	Riggins(1999)	중간상에 의해 가치 창출 기회 가능성
	Alba *et al.*(1997)	제조업체가 소매기능을 담당할 가능성은 적음
	Achrol and Kotler(1999)	정보중간상에 의해 기회네트워크 형성됨.

자료원: Scott(2000) 수정

장기간에 걸쳐 협력관계를 형성해온 공급과 중간유통 기업 간에는 인터넷 거래를 이용하면서도 더욱더 긴밀한 관계를 유지하는 경우도 있기 때문에 인터넷 시장으로의 이동만을 강조하는 것은 논란의 여지를 내포하고 있다(Bakos & Brynjolfson, 1993). 중간상은 유통기능과 구조의 재조정 과정을 통해 유통 기능을 담당하게 된다(Sarker *et al.* 1998)

인터넷 거래는 기업조직간 시스템의 발전을 견인하였다. 기존의 공급망에 존재하는 비효율성을 제거하기 위하여 EDI기술을 도입한 것이 예가 될 수 있다. 이 같은 경우에는 조직간 준수직적 통합(quasivertical integration)이 강화되면서 기업간 통합효과(integration effect)가 발생한다. 통합효과의 결과 just-in-time, 협업적 수요예측(collaborative forecasting), 회전시간 단축(cycle time reduction), 전사적 품질관리(total quality management), 그리고 생산설비 유용성 증가(increased capability) 등의 이점을 획득할 수 있다. 따라서 통합효과의 이점을 다음과 같이 정리할 수 있다.(조남재 등, 정보기술과 기업경쟁력,2005)

- 비용절감: 공급자나 구매자 탐색 비용 절감. 구매자는 새로운 공급자의 탐색과 평가에 소요되는 비용, 공급자는 판매촉진을 위한 광고비용 등을 절감할 수 있음
- 수요예측의 정확도가 향상되어 생산설비의 유용성을 증가할 수 있는 이점
- 거래과정에서 발생할 수 있는 위험(불량 고객 및 신뢰성 없는 공급자)감소의 이점
- 제품 혹은 서비스 품질향상, 혁신성 제고, 프로세스 통합에 따른 정보공유 등의 이점

2) 재중간화에 대한 연구

정보기술혁명은 전통적인 유통구조 변화를 초래하여 초기 순수 전자상거래 기반의 중개업자 (e-commerce only intermediaries)가 등장하여 이와 전통적인 중개업자간 경쟁양상을 보인다. 점차적으로 전자적 거래기반의 중개업이 시장지배력을 확장해 나가고 전자적 거래 중개업의 시장 점유율이 증대되면서 전통적 중개업이 쇠퇴 조짐을 나타낸다(중개배제현상). 그러나 전통적 중개업자들이 전자상거래 기반의 중개업(e-commerce-able intermediaries)으로 전환하면서 점차적으로 잃었던 시장점유율을 회복하여 순수 전자상거래업자와 경쟁에 재돌입하는 양상으로 진전된다.(Chircu *et al.* 1999)

연구자	연구내용
Eastwood and Morgan(1991)	파이낸스 서비스의 재중간화 과정은 신 중개 중간상 형태(브로커)에서 전통적 예치 중간상 형태(은행)로의 회귀로 정의 된다
Gellman(1996)	경로에서 배제된 기업은 잃어버린 시장을 최소한 부분적으로 다시 회복할 수 있다.
Negroponte(1997)	전통적 중간상은 개인화된 서비스를 제공함으로써 경로 배제를 예방할 수 있다.
Chircu and Kaufman(1999)	인터넷 중간상은 선발 우위를 지속할 수 없다. 기존 중간상들이 자체적인 전자상거래 시스템을 구축하고 재구조화될 것이다.
King(1999)	재중간상화는 전통적 공급사슬이 재조직화 됨에 따라 발생하게 된다. 전자적 시장에서 정보중간상은 공급자와 구매자간의 제품 정보 교환을 지원함으로써 재구조화된다.
Smith, Bailey and Brynjolfsson(2000)	전자적 시장 중간상은 가치 창출에 있어 신뢰 및 탐색제공과 같은 새로운 영업 방법을 갖추게 된다.

자료원: Chircu and Kauffman(2000)

3. 유통경로에 영향을 미치는 기술변화

3.1. 웹2.0 등장과 주요 기술

웹2.0은 개방형 서비스 구조를 기반으로 사용자의 참여를 통해 핵심가치를 창출하는 인터넷 서비스를 말하며, 2004년 10월 미국 O'Reilly Media의 부사장 Dale Dougherty가 처음으로 언급한 후, Tim O'reilly와 John Batelle이 웹의 변화를 이야기하면서 널리 알려졌다. 팀 오라일리에 따르면 웹2.0은 플랫폼으로서의 네트워크이며, 모든 연결된 디바이스를 포괄하는 것이며, 플랫폼에 내재되어 있는 장점을 잘 이용하는 것을 웹2.0 애플리케이션이라고 한다. 또한 소프트웨어를 지속적으로 개정하여 제공하는 것, 다양한 소스로부터 받은 데이터를 소비하고 재구성하는 것과 동시에 자신의 데이터와 서비스도 타인이 재구성할 수 있도록 제공하는 것, 참여 구조를 통해 네트워크 효과를 만들어 내는 것, 풍부한 사용자 경험을 제공하기 위해서 기존 웹에 대해 연상되는 모든 것을 뛰어넘는 것 등이다. (**자료원:** www.britannica.com)

웹에 대한 장밋빛 전망은 1990년대 말 닷컴 기업 붐이 붕괴되며 회의적 시각

이 일기도 하였으나, 웹에서 기존에 예상하였던 방법과 전혀 다른 방법으로 성공하는 기업이 등장하며 새로운 부활을 가져왔다. 예컨대 Google, Wikipedia 등의 성공이다. 이러한 현상은 Gartner 그룹(www.gartner.com)의 Hype Curve Model 즉, 기술 기대주기(Technology Hype Cycle)이론으로 설명된다. 신기술이 등장하여 이 기술에 대한 시장의 기대가 어떠한 과정을 거쳐 변화해 가는지를 나타내는 모델이다. 기술이 처음 등장해 잠재력이 있는 것으로 평가되면, 이에 대한 시장의 기대가 급격히 확대되어 정점을 맞이하게 된다. 그러나, 이 기술에 대한 사업화 과정에서 직면하는 제반 난관으로 인해 이의 실망감은 기술의 기대 수준을 급격히 저하하게 된다. 시간의 경과에 따라 기술상의 진보와 관련 인프라의 확충으로 점진적으로 초기에 기대되었던 그 기술 잠재력을 실현할 수 있게 된다. 기술 잠재력의 실현(Slope of Enlightenment)단계가 되면 이 기술이 많이 보급되며 이에 따라 기술의 성숙기에 도달하게 되는 과정을 설명하는 이론을 말한다. 웹이 처음 등장하여 1990년대 말의 기대 수준의 정점을 거쳐 2000년대 초반의 기대 수준의 바닥을 통과하고 잠재력의 실현단계로 진입한 상태를 웹2.0으로 볼 수도 있다.

웹2.0은 어떠한 특정 기술 표준을 의미하지는 않으며, 웹을 사용하는 새로운 방식을 통칭하는 것이기는 하나, 웹2.0에서 특히 많이 사용되며 웹2.0을 특정지어 주는 상황을 동인하는 기술로서 몇 가지를 살펴 볼 필요가 있다.

1) AJAX(Asynchronous Javascript + XML)

새로운 단일 기술은 아니며 기존의 여러 기술을 종합적으로 지칭하는 이름이며, Javascript, DOM, XML, HTML, XHTML 등을 종합하여 AJAX라 부른다고 할 수 있다. Javascript는 웹 트래픽을 줄여주는 장점이 있으며, DOM(Document Object Model)을 활용하여 웹 페이지 개체의 속성을 쉽게 바꿀 수 있게 한다. AJAX는 서버에의 자료 요청을 비동기적으로 할 수 있어 웹 페이지를 일반 응용 프로그램 처럼 사용할 수 있다. XML(eXtensive Markup Language)은 HTML의 단점인 데이터 교환을 보완해 주는 기술이다. 이로 인해 사용의 편리성과 기능의 다양성의 증대되어 참여와 개방인 웹2.0 특징 구현에 적합하다.

2) RSS(Really Simple Syndication, Rich Site Summary, RDF Site Summary)

웹상에서 링크된 정보가 지속적으로 변경될 때 변화하는 정보의 링크를 쉽게 해 주는 기술이다. RSS링크를 활용하면 링크된 사이트 의 정보가 업데이트 되면 내 홈페이지에 있는 정보도 자동으로 업데이트 된다. 이전에 뉴스 사이트가 변경되면 이를 수작업으로 변경해 주거나 아니면, 그 사이트와 연동하게 하여 바로 해당 사이트로 넘어가는 (내 사이트를 떠나서) 방식이었다. 다양한 정보원으로부터 정보를 모아 표시하는 신디케이션이나 블로그의 경우 RSS 기능은 핵심적 기술이다.

3) Tagging

Tag란 웹 사이트나 그림에 주제어를 부여하여 검색시 해당 키워드를 이용하여 정보를 찾을 수 있는 것을 말한다. 태그는 각 개인이 임의적으로 태그를 붙인 것이므로 자료 검색자가 원하는 자료와 다를 수 있으며, 정형적인 분류법인 Taxonomy와는 다른 분류법이며 개인적이고 창의적인 방식으로 웹2.0의 기반이며 새로운 정보 검색의 기반 기술이라 할 수 있다.

4) API(Application Program Interface)

응용 프로그램이 컴퓨터 운영 체계(OS)나 데이터베이스 관리 시스템(DBMS) 등 다른 프로그램의 기능을 이용할 수 있도록 한 인터페이스. 응용 프로그래밍 인터페이스라고도 하며, 일반적으로 API라는 약어로 부른다. 실제로는 OS 등의 기능과 그 기능을 사용하는 방법을 정의한 함수의 집합을 말한다. 응용 프로그램은 API를 사용하여 OS 등이 가지고 있는 다양한 기능을 이용할 수 있다. 초기의 개인용 컴퓨터(PC)에서는 응용 프로그램이 하드웨어의 기능을 직접 조작하는 경우가 많았다. 그러나 파일 관리나 정보의 화면 표시 기능 등 모든 기능을 응용 프로그램 내에 두면 프로그램 개발 효율이 떨어지고, 복수의 응용 프로그램을 번갈아 사용하였을 때 문제가 발생하기 쉽다. 따라서 많은 응용 프로그램이 공통으로 이용할 수 있는 기능은 OS 등에 두는 것이 일반화되었다. 응용 프로그램 작성자가 프로그램 중에 함수를 기술하기만 하면 함수 호출에 의해 다양한 기능을 이용할 수 있게 된다. 이 함수의 집합이 API이며, 종류가 다른 OS 사이에 API의 공통 형식이 규정되면 이기종의 컴퓨터 사이에 응용 프로그램의 이식성(portability)이 확보된다.

3.2. 웹2.0의 특성

웹 서비스의 기술적인 특성은 기업에 대한 내외부적 환경에 심대한 영향을 초래한다. 일반적으로 IT를 통해 기업이 얻는 효익은 업무처리의 경제성(cheaper), 신속성(faster), 신뢰성(reliability), 기능성(functionality) 등의 4가지로 요약된다. 웹 서비스를 활용하게 되는 기술적인 특성으로는 Rogers(2003)의 혁신의 다섯 가지 인지된 속성인 상대적인 이익, 호환성, 복잡성, 시험가능성, 관찰 가능성을 들어 웹 서비스의 기술적인 특성을 언급하였고, 이러한 속성은 웹 서비스 기술이 다른 통합 기술에 비교하여 우월하다는 것을 밝히는 데 유용하다.(Chen, 2003)

기존의 웹과 웹2.0의 특성을 개략적으로 비교하면 다음과 같다.

구분	기존 인터넷서비스(Web1.0)	Web 2.0의 특징
주요특징	정적이며 기술, 공급자 중심	동적이며 참여, 공유, 개방성
방향성	일방적 단방향	양방향성
개방성	닫힌 계(closed sphere)	열린 계(open sphere)
사용자	단순 소비자	프로슈머(생산적 소비자)
마케팅	파레토 법칙(20:80)	롱테일 법칙
주요기술	HTML, Active X 등	AJAX, RSS, Tagging, API, XML

웹 2.0은 인터넷 상에서 유발된 환경 변화로 사회. 문화. 경제에 있어서도 획기적인 변화를 초래하여 사회 전반에 대한 새로운 패러다임을 제기하였다. 웹2.0의 특성과 가치는 다음과 같이 요약할 수 있다.

1) 이용자 참여에 의한 가치 창출

웹2.0은 인터넷의 대중화에 의한 사회전반의 다양한 변화를 유발하여 인터넷 산업에서 경제사회 전반 영역에서 일반인의 참여 확대로 인해 다양성과 창조성의 증대를 가져왔다. 정보의 양과 다양성의 확대는 정보의 신속한 전파를 촉진하고 이는 정보의 역동적 융합과 재창조로 이어진 선순환 구조를 창출하였다.

2) 정보의 양과 다양성의 증대

전통적인 시장에서는 다양한 취향을 가진 소비자의 틈새 시장에 대한 정보의 접근이 어려웠으나 웹2.0은 다품종 소량생산 제품정보가 가능하게 되어 파레토 법칙이 지배하던 경제 시스템에서 다수의 틈새 시장과 롱테일 법칙이 수용되는 시장이 가능하게 되었다. 물리적인 제약으로 오프라인 장소에서 거래가 어려웠던 제품도 거래 가능한 공간이 제공되었다. 전통경제에서는 자금력과 유통망 장악력이 큰 공급자 주도의 제품정보에서 웹 서비스를 통해 맞춤형, 저비용 구조의 활동 공간이 형성됨으로서 중소기업 내지 1인 기업의 활동영역이 확장되었다. 또한 사회 일반에서 다양한 소수 의견이 개진되고 사회문화 기반의 저변확대가 가능하여 일부 소수가 폐쇄적으로 독점하고 주도였던 정보의 비대칭성이 해소되어 다양한 의견교환이 가능한 사회를 초래하였다.

3) 정보재 산업의 발전과 유통구조 변화

정보의 생산과 유통 메커니즘이 웹 사용자의 지식 생산 참여 확대에 의한 공공재화 촉진으로 인해 정보재 상품 유통의 온·오프라인 채널 융합을 가져왔다. 개인의 참여 확대에 따른 UCC의 수준 향상으로 미디어 생산 부문의 다원성이 증가하여 전통 업체의 구조변화와 다양한 수익모델 발굴의 기반이 형성되었다. 신상품 아이디어 발굴 및 기술 개발 과정에서 일반 대중 소비자와 외부 전문가의 적극적인 참여를 촉진하는 소위 크라우드소싱(crowdsourcing)을 유발하였다. 개방과 공유에 기반한 웹 서비스와 연계하여 기존의 사업방식의 획기적인 변화를 초래하여 조직의 형태나 업의 개념에 대한 새로운 해석이 필요한 상황이다.(권기덕 등, 웹2.0이 주도하는 사회와 기업의 변화, 2007)

4) 개성화와 차별화의 용이성 증가

사이버 공간의 특성상 타인이나 타 집단과 차별화, 특성화가 기술의 발전에 따라 용이해졌다. 웹 2.0은 생활의 방식이나 사고방식의 변화를 견인하여 새로운 트렌드를 창출한다. 이에 따라 기업은 고객의 다양한 특성과 니즈를 세분화할 수 있으며, 차별화된 마케팅을 가능하게 한다.

5) 양방향성 및 관계성의 확대

양방향 의사소통이 가능해짐에 따라 일방적인 자료나 정보 제공에서 벗어나 고객의 요구에 부합하는 서비스와 상품 제공이 가능하게 되었다. 고객이나 방문자의 직접적인 의견의 취합뿐만 아니라 고객의 사이트 방문주기, 횟수, 관심 아이템 등을 트래픽 분석을 통해 가능하므로 고객의 민감한 변화 정보를 파악 활용할 수 있는 기반이 된다. 또한 고객의 사이버 공간은 자발적인 요구와 정보 교환의 장소로서 고객과 기업뿐만 아니라 고객 간의 관계성 형성이 증대되어 일체감을 갖게 하는 사회문화적 의미가 크다. 이의 적절한 활용과 대응이 또 다른 과제가 되고 있다.

3.3. 웹2.0이 초래한 변화와 유통구조

디지털 혁명으로 야기된 정보 활용기술의 획기적인 발전은 정보를 활용하는 사회의 제반 영역에 큰 변화를 가져 왔으며, 이 중 경제 분야의 변화 형태를 디지털 경제라 하며 이 새로운 환경 변화에 경제주체의 일원인 소비자와 기업 측면에서의 변화를 살펴볼 필요가 있다.

경제구조의 변화를 보면, 웹2.0은 네트워크를 통한 상호작용성의 확대로 정보의 독립적 이동성을 증대시키고 이는 결국 시장 측면에서 시장 메커니즘의 정보 전달 기능을 강화하여, 기업 및 산업구조 측면에서 기업과 산업 가치사슬의 탈구조화를 초래함으로써 재화와 서비스 생산구조 및 거래구조의 네트워크화를 이루었다. 전자상거래로 인한 소비자, 공급자가 갖게 되는 혜택은 다음과 같이 요약할 수 있다.(Hoffman, D.L., *et al.* 1995)

구분	내용	
소비자 측면	• 정보의 신속/정확한 검색 및 대조 • 상대적으로 저렴한 탐색 비용 • 원스톱 구매 • 지리적으로 한계를 넘어서는 정보 가용성	
기업 측면	물류	• 유통비용 절감을 통한 효율성 제고 • 거래 시간 단축 • 유통 채널 갈등 최소화 • 현실적인 고객정보 획득
	마케팅 의사소통	• 내부/외부 의사소통의 효율적 수행 • 관계 마케팅을 통한 소비자와 유대 강화 • 프로세스의 일원화를 통한 효율성 증대
	운영	• 오류 및 재작업의 감소 • 업무의 전산화로 시간과 비용 절감

1) 소비자 측면의 변화

소비자 측면의 변화는 소비자 효용성의 증대를 들 수 있다, 소비자 효용이 증대된 이유는 크게 세 가지로 볼 수 있다. 첫째, 선택의 폭이 확대 되었다는 점이다. 지역시장에서 세계시장으로 구매 범위가 확대됨으로써 공간적 제약을 극복할 수 있게 되었으며, 시장이 작아 공급 받지 못했던 재화를 공급받음으로써 소비자 효용이 증대된다. 둘째, 편리성이 확대되었다. 소비자의 쇼핑시간은 전자상거래를 통해 단축되며, 재화와 관련된 풍부한 부가정보를 얻을 수 있다. 셋째, 가격이 저렴해졌다. 시장 진입장벽이 낮아지면서 신규 기업의 참여로 경쟁이 촉진된다. 그 뿐만 아니라 기존 산업의 가치사슬 구조에서 단순중개 업무를 하는 중간상이 사라지고 기업의 거래비용과 생산비용이 절감되어 판매가격이 인하된다. 또한 인터넷을 통해 재화에 대한 정보를 쉽게 입수할 수 있고, 다수 공급자로부터 저렴한 가격으로 재화를 구매할 수 있다. 그리고 정보의 비대칭성, 즉 생산자와 소비자보다 우월한 정보를 가지고 있던 현상이 극복되어 소비자의 효용이 증대된다.(홍동표, 1999)

2) 기업 측면의 변화

기업 측면의 변화는 기업의 효율적인 경영이 강화되고 IT투자에 대한 기업의 인식이 변화하고 있다. 기업의 경영효율이 강화되는 원인은 다음과 같은 5가지를 들 수 있다. 첫째, 조달 및 물류비용의 절감이다. 자동화된 조달체계를 구축하거나 조달전문 사이트를 활용해 조달 관련 인건비, 우편. 인쇄비용을 줄일 수 있다. 세계를 대상으로 조달기업 탐색이 가능하여 경쟁입찰을 통해 조달비용을 인하할 수 있다. 둘째, 재고비용의 절감이다. 주문-생산-유통이 연계된 시스템 구축으로 재고를 절감할 수 있다. 이런 재고 비용절감은 생산원가 절감을 통한 가격경쟁력 확보, 투자자원 조달, 생산설비의 효율적 운영 등의 효과를 실현할 수 있다. 셋째, 판매비용의 절감이다. 인터넷이 기존의 대리점, 영업사원, 판촉광고물 등을 대체함으로써 고정비용 절감을 가져온다. 또 미리 인터넷을 통해 재화에 대한 정보를 알고 오는 고객의 비중이 증가하므로 판매사원의 교육비용이 절감된다. 넷째, 유통비용 절감이다. 디지털 경제, 특히 서비스 등 무형재화의 거래에서 유통비용이 크게 절감될 전망이다. 이는 소프트웨어나 영상. 음악. 출판 등 콘텐츠는 물론 금융서비스나 교육서비스 등이 인터넷을 통해 가능해지므로 기존의 물리적인 유통구조를 유지하는 데 소요되는 비용을 절감할 수 있기 때문이다. 다섯째, 애프터서비스 비용의 절감이다. 질의. 응답 데이터베이스나 스마트 매뉴얼(smart manual) 등을 온라인으로 소비자에게 제공함으로써 기존의 고객방문 관리인력, 콜 센터 운영인력, 홍보자료 출판 등에 소요되는 비용이 절감되고 서비스의 질도 향상된다.(홍동표, 1999)

3) 유통구조 변화

전자적 유통 환경에서 제약요인과 한계 상태였던 문제점들이 지속적인 기술 수준 향상으로 가능해지고 이에 따른 제품이나 서비스의 공급자와 소비자는 물론 온라인 환경을 활용하는 중간 유통 참여자에 있어서도 비용과 노력 절감 등 다양한 편익과 효익을 추구할 수 있게 되었다. 특히, 공급자에게 있어서 소비자와 직거래가 가능하여 유통비용을 절감할 수 있는 환경이 형성되었으며, 중간 유통의 참여자는 자신이 유통구조상 필요한 존재임을 새로운 가치를 제공함으로써 시장에 인식되어야 하는 상황으로 변화하였다. 이러한 환경에서 시장은 전통적인 유통채널과 새로 등장한 유통채널 간의 채널 갈등을 제어하며, 산업 환경에 따라 온오프라인을 적절히 활용한다. 따라서 다양한 형태의 유통채널이 형성되는 환경은 기술적인 발전으로 더욱 촉진될 것으로 예상된다.

4. 신 유통경로

중간상은 생산 내지 공급과 소비 내지 수요 사이에서 재화나 서비스의 시간, 소유권, 장소적 차이에 근거해 존립한다. 중간상은 공급자 측면에서 볼 때 거래를 정규화하고 잠재적 거래의 수를 줄여 줌으로써 공급자의 관리비용을 감축하여 자신의 핵심역량에 집중할 수 있도록 하는 역할을 수행하며, 수요자 측면에서 볼 때에는 자신의 수요 충족을 위한 대안의 탐색 비용을 절감시켜준다. 이에 따라 공급자나 수요자로부터 수수료를 받는 구조이다. 또한 중간상은 공급자와 수요자 간에 구매 단위를 조정하여 적정 공급량과 수요량 간의 간격을 줄여 효율적인 공급과 소비가 수행되도록 조력하는 기능을 수행한다. 공급원으로부터 제공받은 상품을 집합, 분할, 구색화 하여 소비자의 효율적인 선택이 가능하도록 역할을 담당한다. 이 기능을 서비스 아웃풋(SOD: Service Output Demanded)이라 하며 소비자가 원하는 형태로 재구성하는 중간상의 역할이다. 대응하는 서비스 아웃풋에 따라 이질적인 유통기관이 상호 공존하는 영역이 발생 가능하게 된다.

그런데 디지털 환경에서 초래된 변화로 인해 유통과정에 대한 인식 문제와 유통 구조의 변화와 새로운 유통시스템의 등장에 연유한 유통시스템 경쟁 양상의 변화를 초래하였다. 중간상에 대한 배제 현상과 새로운 중간상의 출현과 기존 중간상의 환경 적응 등 유통시스템의 다양한 문제가 대두된다.

이러한 사례는 항공여행시장에서 쉽게 발견할 수 있다. 유통경로변화에 대한 예시 산업으로 항공여행업의 유통구조 변화에 대해 조망한다. 항공사나 호텔 등 공급자들은 자사의 웹사이트를 통하여 고객과의 직거래를 확대하고 있으며, 여행업계의 전형적인 중간상인 GDS는 말할 것도 없고 일반 여행사의 입장에서도 온라인 전문여행사의 출현으로 brick-and-click 방식으로 대응하는 등 여행시장 중간 유통 채널은 새로운 포지셔닝이 필요하게 되었다. 각 채널들은 고객 서비스, 가격 경쟁력, 고객 편의성 등에서 경쟁적 우위를 유지 확대하거나 서비스 아웃풋이 다른 새로운 시장을 창출하거나 하는 전략적 선택이 필요하게 되었다.

4.1. 전자상거래와 전통적상거래 방식의 비교

항목	전통적상거래 방식	전자상거래 방식
유통경로	기업→도매상→소매상→고객	기업→고객
거래지역	일부 지역 판매에 한정	전 세계
거래시간	제한된 영업시간	24시간, 365일 영업
판매방법	전시를 이용한 판매	정보를 이용한 판매
고객정보 획득	시장 조사 및 영업 사원	온라인으로 수시 획득
고객 대응	고객 불만 대응 지연 고객 욕구 포착이 느림	고객 불만에 즉시 대응 고객 욕구를 신속히 포착
소요자본	토지, 건물 등의 구입에 거액 필요	인터넷 서버 구입, 홈페이지 구축 등 상대적인 저비용
마케팅 주도	기업 주도 마케팅이 지배적	고객 주도 마케팅이 지배적
마케팅 활동	구매자의 의사와 상관 없는 일방적 마케팅	쌍방향 통신을 통한 1대1 Interactive Marketing
마케팅 규칙	시대적으로 명확 잘 정의된 일정한 모습	기술발전에 따라 지속적인 발전
틈새시장	틈새시장을 정의하기 어려움	다양한 틈새시장 새로운 비즈니스 기회 창출
정보기술과의 관계	정보기술이 마케팅 수행에 큰 도움이 되지 못함	마케팅 활동에서 정보기술의 역할이 절대적

자료원: 전경련, "전자상거래 확산과 기업의 대응 전략 세미나", 1997 (논자 수정)

4.2. 유통경로와 e-Business 모델

전자적 소매유통 비즈니스 모델은 분류하는 기준과 목적에 따라 다르다. 우선, 취급 품목에 따라서 일반 상품과 특수 전자 소매 형태가 있으며, 영업 지역에 따라 전 세계를 대상 영역으로 하거나 지역으로 한정할 수 있다, 수익원 내지 수익 모델에 따라 매출(sales), 거래 수수료(transaction fees), 가입 수수료

(subscription fees), 광고 수수료(advertising fees), 가맹 수수료(affiliate fees), 기타 수익원 방식으로 분류할 수 있다. 전자상거래의 형태는 Whinston *et al.*(1997)의 모형으로 보면 제품이 물리적이냐 디지털이냐 하는 가상 제품 축과, 에이전트가 물리적이냐 디지털이냐 하는 가상 유통 축과, 프로세스가 물리적이냐 디지털이냐 하는 가상 프로세스 축을 기준으로 하여 8개 형태로 구분한다. 물리적 제품과 물리적 에이전트 및 물리적 프로세스 축이 상호 교차하는 형태를 전통적 상거래라 하고, 제품과 에이전트, 프로세스 등 3개 축 모두가 디지털인 형태를 순수 전자 상거래로 표현한 바 있다. 일반적으로 부분적인 영역의 교합과 교차가 발생하여 혼합적인 형태가 되고 있으며, 유통채널을 기준으로 e-Business 모델을 분류하면 다음과 같다.(Turban2006, 활용 논자 재작성) 산업 환경이나 업체의 산업내의 위치 또는 선택 전략에 따라 온오프라인 활용 수준별 다양한 모델이 가능하며, 이는 업체의 유통경로 선택시 많은 시사점을 제시하고 있다.

영역 구분		형태구분	내용	비고	사례
오프라인	온라인				
집중	무관심	brick-n-mortar	온라인에서 제공 곤란 업종	레저 엔터테인먼트 분야와 소매업 결합	복합적 쇼핑몰
우선	지원	click-n-mortar	공급자의 DM 물리적 상점 운영 보충적인 Web사이트	자사 온라인 고객 직판	Nike, Lego
병행	병행	click-n-mortar	온오프 각각의 사업목표 운영	온오프 대상 소비자 차별화, 대상 품목 브랜드 차별화	walmart.com, homedepot.com, sharperimage.com
강점 통합 활용	강점 통합 활용	click-n-mortar	온라인 몰, 온오프 상호 보완	정보, 주문, 배송, 사후관리 제반 프로세스 연결, 대규모 독립적 storefronts,	hawaii.com/marketplace, choicemall.com
형식적	신규 진출		우편주문 소매상의 온라인 진출	단순히 인터넷채널 추가	

영역 구분		형태구분	내용	비고	사례
오프라인	온라인				
보완	정보 중개	informediary	중개역할 한정	공급자와 소비자의 최적 연결 제공	Autobytel초기, 용산 전자상가의 다나와
없음	집중	click-n-click	물리적 상점 미보유	온라인만	Amazon

4.3. 중간상과 사이버 중간상의 역할과 기능

웹2.0과 전자상거래의 특성에서 조성된 전자적 시장 환경은 중간상의 새로운 역할과 기능을 필요로 한다. 우선적으로 새로이 형성된 유통구조는 중간상이 존립할 수 있는 근거와 필요성에 대한 근본적인 문제를 제기한다. 과연 웹2.0 환경에서 성립한 새로운 중간상은 무슨 기능을 수행함으로써 기존의 유통질서에 편입 되는가? 인터넷 환경은 공급자나 소비자 쌍방의 관점에서 중간상이 거래의 수를 줄이거나 거래 비용을 감소하며, 유통채널의 양방향에 어떤 효익을 제공함으로써 존립할 수 있는지를 살펴볼 필요가 있다.

일반적으로 유통경로 상 중간상의 존재 필요성은 수요측면에서 보면, (1)상품 내지 서비스 구매에 필요한 정보탐색 노력을 감소시키며, (2)생산품의 물량과 구색을 조절하는 기능 즉, 제조업자와 소비자의 기대간의 차이를 조정해준다. 공급측면에서는 (3)판매와 구매가 용이하도록 반복적 거래가 가능하도록 하며, (4)상품 교환과정에서 거래비용과 거래횟수를 줄여 효율성을 제고한다. 새로운 유통환경에서도 이러한 기능들은 "경로구성원은 배제할 수 있어도 경로흐름(channel flows)은 제거할 수 없다."는 경로배열원리상 특정 경로구성원이 배제되면 해당 경로구성원이 수행하였거나 수행하여야 하는 흐름은 경로배열상의 전방이나 후방의 경로구성원에게 이전된다. 중간상의 새로운 기능에 앞서 중간상의 필요성에 대한 관점으로 비용과 노력의 절감이라는 경제적인 측면(임영균 등, 2007) 과 중간상 본연의 기능 측면에서 살펴 볼 필요가 있다.

1) 경제적 기능 측면

(가) 정보탐색과정 노력 감소

공급과 소비간의 거래상 수반되는 제반 불확실성에 대해 필요한 정보를 제공하여 탐색에 소요되는 시간과 노력을 감소시킨다.

(나) 물량과 구색의 조정 기능

제조업자와 소비자 간의 제품과 구색에 차이(discrepancy)가 발생하며 중간상은 분류기능(sorting)을 담당함으로써 이런 간격을 메운다. 중간상은 등급화(sorting out), 취합화(accumulation), 분배화(allocation), 구색화(assorting) 기능을 수행하여 공급자와 소비자의 간격을 해소한다. 이러한 기능을 통하여 중간상은 형태(form), 소유(possession), 시간(time), 장소(place) 등의 4가지 효용을 창출한다,

(다) 거래의 반복화

거래상 제품의 양, 운송방법과 시기, 대금 지불방법과 시기, 기타 필요한 조건에 부합할 때 성립한다. 이러한 거래 조건에 대한 동의가 매거래 마다 반복적으로 수행될 때 거래의 효율성이 제고 된다. EDI(Electronic Data Interchange), CRP(Continuous Replenishment Program) 등이 활용된다.

(라) 교환과정의 효율성 제고-거래 비용과 노력 관점

일반적인 유통경로 설계 관점에서 중간상의 존립 근거로 거래수와 거래비용의 대폭적 감소를 기반으로 한다. 제조업체들과 소비자들과의 사이에 중간상을 개입함으로써 거래의 수를 대폭적으로 줄일 수 있으며, 거래 비용 감소와 교화 효율성을 증대할 수 있다.

2) 중간상 본연의 기능 측면

중간상의 존립이 단순히 거래 관련 비용의 절감 관점에서만 보면 설명하기 어려운 문제가 발생한다. 인터넷 등장으로 생산자가 자사 홈페이지를 통해 소비자와 직거래하고, 또한 온라인 중개상이 온라인을 활용한 마케팅을 개시하

여 수년 내에 적어도 전통적인 중간상은 소멸할 것(disintermediation)을 예상하였으나 현실은 다르게 나타났다. 중간배제로 중간상에게 제공되는 비용이 절감되어 생산자와 소비자 모두에게 이익이 되는 매커니즘인 데 기존의 중간상과 신생의 중간상 모두 생존하는 것은 거래 비용 절감의 경제성 이외에 다른 무엇이 있다는 설명이 된다. 여기에서 인터넷 환경하의 사이버 중간상에 대한 연구인 Jin and Robey(1999)의 정보중간상 존립 근거를 살펴본다.

첫째, 소비자 선택 이론(Consumer Choice Theory)으로 중간상은 신제품과 서비스를 제공하는 과정에서 소비자 필수적으로 부담해야하는 시간을 감소하는 한편, 최종적인 욕구 충족을 가능하게 하는 소비자의 능력을 신장하는 기능을 담당한다. 중간상은 물리적 상품 판매를 초월하는 기능, 소비자의 궁극적 목적을 달성하는데 기여하도록 하는 서비스를 제공하여야 한다.

둘째, 제도적 이론(Institutional Theory)으로 중개업자는 제도적인 구조형태이므로 존속 가능하다는 것이다. 중간상은 규제, 규범 인지적인 기대에 부응함으로써 사회적인 정당성을 인정받는다.

셋째, 사회적 교환 이론(Social Exchange Theory)으로 중간상은 경제적 가치 이상의 사회적 가치를 부가한다. 생산자와 소비자의 거래는 단순한 거래를 수행하는 것뿐만 아니라 서 거래를 하는 동안 관계(Relationship)가 형성 된다. 거래와 관계를 둘러싼 모든 활동을 사회적 교환이라 하는데, 이때 발생하는 경제외적인 부분도 중요한 가치를 창출하게 되며 중개업자가 이러한 가치창출을 수행하게 된다. 중간상은 거래에 필요한 유용한 정보, 커뮤니티를 통한 의견 교환 등의 공동체 형성에 기여한다.

넷째, 사회 네트워크 이론(Social Network Theory)이다. 중간상은 복잡한 사회적 네트웍에서 전략적인 위치를 점유함으로써 사회적 권력을 획득한다. 거래를 수행함에 있어서 합리적인 선택을 위해서는 정보가 필요하다. 소비자의 경우는 구매가 일시적이고 한시적으로 일어나지만 중간상은 지속적인 거래를 통해 획득된 생산자들의 재무 상태, 기술수준, 관리자 특성, 마케팅 역량 등 다양한 정보를 활용하여 생산자들 간의 비교 평가 정보를 보유하고 있다. 따라서 이런 정보 격차로 인해 중개업자들은 그들만이 보유하고 있는 고유한 정보를 소비자에게 제공해주는 역할을 하게 된다. 이와 같이 중개업자는 단순 판매업자가 아니라 생산자와의 관계를 형성함으로써 가치 있는 부가 정보를 창출하는 중요한 역할을 수행하게 된다.

다섯째, 지식창출이론(Knowledge Creation Theory)으로 중간상은 고객을 위한 지식을 창출한다. 고객과 제조업자가 보유하지 못하는 지식을 창출하여 고객에게 서비스를 제공한다. 따라서 소비자가 유용한 정보를 향유할 수 있는 이점을 제공하는데, 대표적인 예가 가격비교 사이트이다. 이들은 동일한 제품의 다양한 가격을 비교제시해 주며 여러 생산자들의 기본정보를 제공해 줌으로써 소비자가 합리적인 구매를 할 수 있도록 지원한다. 이러한 정보는 중개업자가 창출한 지식으로 중개업자가 없다면 소비자들이 이러한 정보를 제공받지 못할 것이다.

위와 같이 다양한 근거와 사유에 의해 중개업자가 존재할 수 있는 기반을 고찰해 보았다. 이를 환언하면 다양한 형태의 중간상이 존립 가능함을 말한다. 웹2.0 시대가 제공한 환경 하에서 유통구조의 재편은 이러한 의미에서 중간상의 전략 방향을 시사한다. 중간상은 거래비용을 줄여 제품가격을 다른 곳보다 싸게 제공함으로써 특화하거나, 가격은 싸지 않지만 차별화된 정보나 부가가치를 제공함으로써 특화하는 전략이 가능한 등등 수많은 형태의 전략 대안 믹스가 가능할 것이다.

4.4. 새로운 유통구조에 대한 모색

인터넷 환경에서 유통경로는 중간화, 탈중간화, 재중간화의 단계를 거치는 과정에 대한 Chircu, A. and Kauffman, R.(1999, 2000) 연구에 의하면 다음 그림1과 그림2로 간략히 설명이 가능하다.

1) 인터넷 중간상의 변화단계

그림1_ 다양한 중간상의 중개-탈중개-재중개 사이클

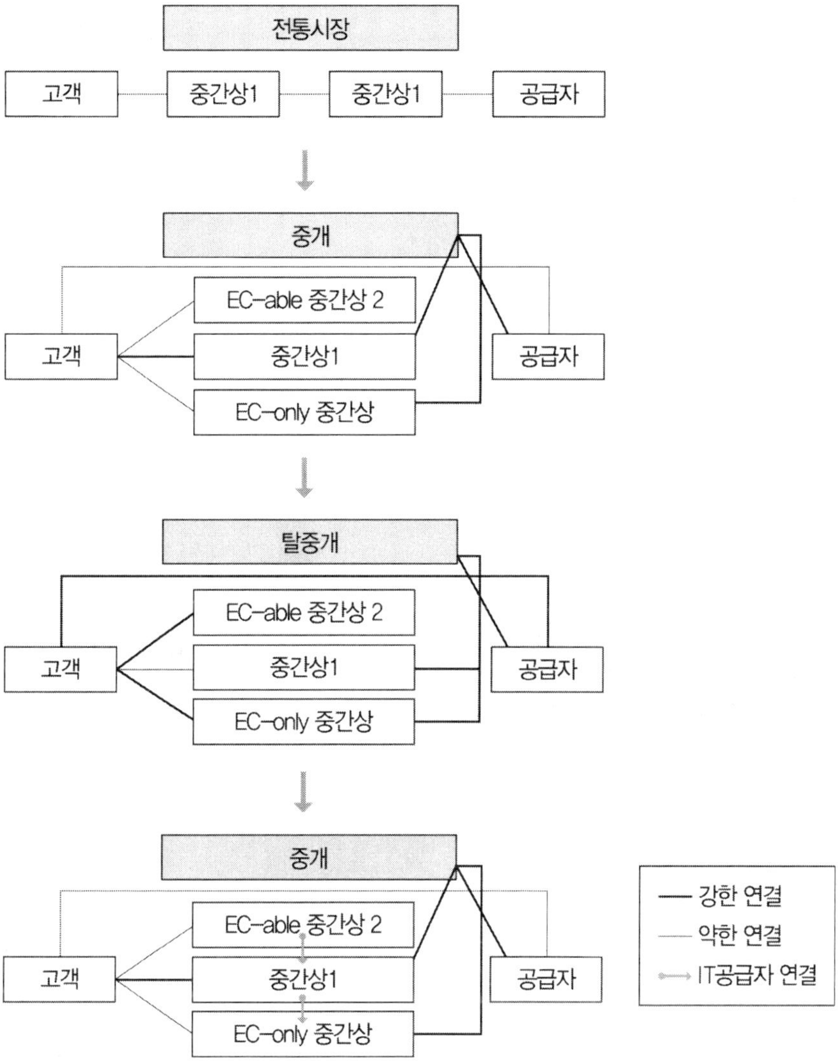

자료원: Chircu and Kauffman(1999)

2) 중간화, 탈중간화, 재중간화와 가치사슬활동 변화

그림2_ 삽입중간화, 탈중간화, 재중간화와 가치사슬활동 변화

전략적 단계	전통적 구조	중간화 구조
단계 구분	전자적 거래는 수행되지 않음	전자상거래전문(EC-only)참가자가 기술 활용 시장에 진입
차별적 가치사슬 활동에 의한 거래량의 점유 비중	전자상거래전문 중간상(R1)없음 R1 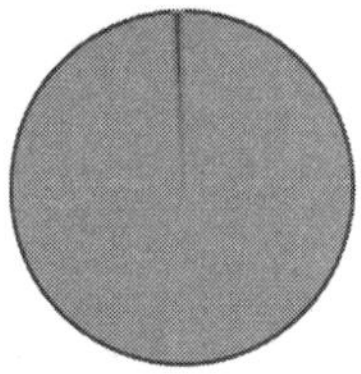 전통적 중간상	전자상거래전문 중간상(R1) R1 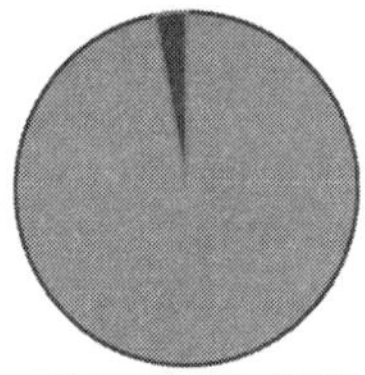 전통적 중간상
전략적 단계	**탈중간상화 구조**	**재중간상화 구조**
단계 구분	전자상거래전문 중간상이 전통적 중간상의 시장점유율을 잠식	전통적 중간상이 전자상거래 가능 중간상으로 전환, 유실한 시장점유율 회복
차별적 가치사슬 활동에 의한 거래량의 점유 비중	전자상거래 전문 중간상(R1) R1 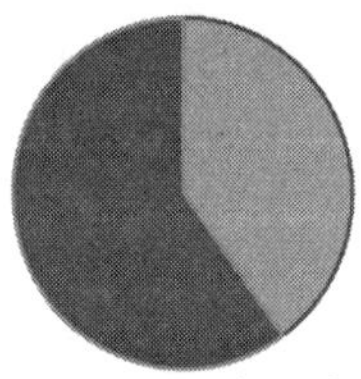 전통적 중간상	전자상거래 전문중간상(R1) R1 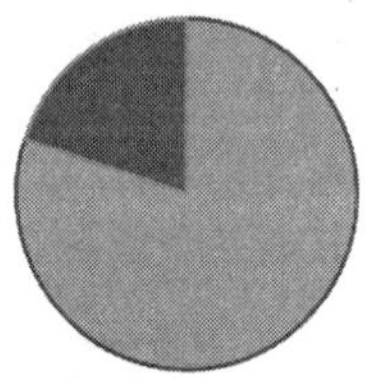 전자상거래 가능(EC-able)중간상

자료원: Chircu and Kauffman(2000)

이와 같이 초기 전자적 기반으로 무장한 중개상(intermediation)은 유통경로상의 중개배제(disintermediation)를 가져오고, 이어서 고사당하던 중간상이 전자적 기반으로 재무장하여 재중개화(reintermediation)를 함으로써 경로상에서 영향력을 확보하게 되는 I-D-R 프레임워크는 디지털 시대 산업 환경과 유통구조를 설명하는 기반이 되고 있다. IT기술 발전에 따라 전자거래분야의 혁신이 발생하면 이러한 I-D-R 과정은 반복될 것이며, 시장참여자들은 생존과 경쟁우위의 원천 확보를 위해 지속적으로 노력할 것이다.

산업 내 후발업체들은 검색엔진, 지식에이전트 소프트웨어, 관련 사이트 정보링크 서비스 등의 새로운 기술을 개발하여 기성업체에 도전한다. 여기에서 기성업체의 신기술 재무장 반격이나, 또다른 신규 진입자가 중개배제를 주도한 사업자를 다시 중개 배제하는 양상이 나타난다. 이처럼 중개배제와 재중개 현상은 기술혁신에 의해 반복적으로 나타날 수 있다. 새로운 진입자에 의해 일단 시장에서 중개배제 현상이 발생하면 기존의 전통업체들은 자신들의 강점을 활용하며 신규 진입자의 차별화에 상응하는 대응전략을 구사함으로써 시장에서의 지위를 회복할 수 있다. 중개배제와 재중개 현상은 그림2와 같이 중개상들의 시장점유율의 변화를 초래하며, 기존의 전통중개상들은 재중개화할 수 있는 전략적 기회를 포착할 수 있다. 당연히 환경과 전략의 상황에 따라 시장 내에서의 주도적 위치를 회복하지 못하는 경우도 발생 가능하며, 나아가 산업구조나 유통구조의 변화를 초래하게 된다.(조남재 등, 정보기술과 기업경쟁력,2005)

3) 향후 인터넷의 주요 부문별 진화 방향

장래의 인터넷 비즈니스를 견인하게 될 요소로는 UCC(user created contents) 등 이용자 참여, 동영상, 지능화, 모바일화 등으로 전망한다. 이용자가 생산한 컨텐츠를 활용한 비즈니스 모델 창출 노력이 증가하며, 미국의 경우 25세 이하 젊은층이 인터넷에서 소비하는 컨텐츠의 62%는 UCC인 것으로 조사된 바 있다.(ThinkEquity Partners LLC,,2006) 또한 인터넷에서의 컬러 컨텐츠가 동영상 부문으로 급속히 이행되고 있다. 인터넷 기술의 고도화 지능화에 의한 세만틱 웹으로 진화하고, 3,.5세대 이동통신, 와이브로 등을 통해 모바일 어플리케이션도 확대된다. 이와 같은 4요소를 기반으로 인터넷의 주요 부문별 진화 방향을 다음과 같이 전망한다.(권기덕, 복득규(2006) 논자 수정)

인터넷 비즈니스 모델 진화 방향과 부문별 전망

구분	인터넷 검색	전자상거래	인터넷 미디어
UCC	UCC 기반 검색 확대	오픈마켓 형태로 이전 가속화	UCC기반 수익 모델 모색
동영상	동영상 검색기술 진보	동영상, 부가가치형 쇼핑몰로 진화	인터넷 동영상이 컬러앱으로 정착
지능화/고도화	검색시스템 인공지능화	개인화된 쇼핑 솔루션 제공	개인화, 양방향 미디어 구현
모바일화	모바일 검색의 증가	모바일 상거래 실험 지속	모바일 TV, 모블로그 확대

4.5. 항공여행 유통구조

인터넷 특히 웹2.0환경에서 유통구조의 변화를 설명하는데 항공여행 산업의 사례를 활용하고자 한다. 항공여행 산업은 그 업의 특성상 예약정보 처리를 위해 CRS(Computer Reservation System) 내지 GDS(Global Distribution System)를 태동시켰듯이 정보 산업 발전의 수혜자인 동시에 동 산업 발전의 견인자이기 때문이다. GDS나 여행업은 항공여행유통의 참여자로 IT기술 발전의 혜택과 피해를 입는 양면성을 지녔다고 할 수 있다. 여행 산업의 변화가 큰 것은 여행 산업의 특성상 무형성, 비분리성, 이질성, 소멸성 등의 서비스 산업 특성상 디지털 기술의 영향을 크게 받기 때문이다. Gartner Group의 애널리스트 2000년 1월 보고서에서는 여행업체 중 자체적 경쟁력을 제고하지 못하거나 인터넷 사이트가 없는 업체는 그 해중에 대부분 문을 닫을 것으로 예상한 바 있다, 또한, Beart Stearns 사 보고서(2000년 4월)에서는 기존 오프라인 여행사중 25% 정도가 당해 년도 내에 온라인 여행사나 항공사에 합병되며, 생존한 여행사도 항공사로부터 극심한 수수료 감소를 받을 것으로 예상하였다.(이문규 등, 2004)

인터넷에 의한 여행산업의 환경변화를 산업참여자, 상품, 소비자 관점에서 살펴보자. 첫째, 여행 산업 참여자 측면에서 보면, 항공사, 호텔, 렌트카 등 공급자 내지 정보제공업체들은 각각 자체의 홈페이지 또는 온라인 사이트를 구축하고 이를 통해 고객과 직접적인 거래를 촉진함으로써 중간유통인 GDS나 여행사에 지불하는 유통비용인 수수료를 절감하려 노력하게 되었다. 특히, 인터넷 이용환경의 변화를 반영하여, 국제항공운송협회(IATA)가 2000년 7월 31일부로, 항공사가 여행사에 지불하던 수수료율 9% 지불규정을 폐지함으로써 중간유통인 여행사는 새로운 수입원을 발굴해야 하는 절박한 환경에 서게 되었다. 이에 국내에서도 2000년대 이래 항공사가 여행사에 지불하던 발권수수료에 대한 단계적인 수수료율 축소를 시행해 왔으며, 2008년 초, 전자항공권(e-Ticketing) 도입비율이 100%에 육박하고, 자체 온라인 채널과 다양한 유통경로를 확보한 항공사는 2008년 상반기에 다시 요율 인하를 실시하였다.

둘째, 상품 측면에서 보면, 여행상품의 무형성으로 신속한 디지털화가 가능하여 중간유통이 없어도 온라인 거래가 가능한 상품으로 인식할 수 있다, 이론상 유통비용이 거의 없어 전통적인 유통구조는 심대한 환경 변화를 초래할 수 있다.

셋째, 소비자 입장에서 보면, 기존에 여행사를 방문하거나, 전화, 팩스, 리플릿 등으로 획득하던 여행 정보를 소비자 스스로 인터넷을 통해 얻는 비중이 확대되고 있다. 항공사의 온라인 예약이나 전통여행사의 온라인 사이트, 온라인 여행사의 채널을 활용한 예약·발권 비중의 확대 속도가 빨라지고 있다. 장애가 되던 기술적인 문제의 해결이나 거래의 안전성에 대한 신용상의 문제가 지속적으로 안정화해 가기 때문이다. 이에 여행업계는 고객의 다양한 정보 획득 욕구나 개성화 욕구에 대한 충족 방안을 모색해야 하며, 이전의 단순한 여행정보 제공이나 예약 대행 방안으로는 고객의 서비스 만족도가 향상되기 어렵다.

1) 항공여행시장 유통관련 주요연구

연구자	연구내용
Lewis *et al.*(1998)	e-비즈니스의 확산에 따라 중개채널을 우회(disintermediation)하는 현상 조명 및 여행대리점들에 미치는 영향을 분석하고 여행대리점들의 새로운 비즈니스 모형을 제안
Law and Leung (2000)	항공사들의 인터넷 웹사이트가 방문자에게 제공하는 서비스의 내용과 마케팅 도구로서의 역할을 조명하고, 방문자들의 정보 취득 및 서비스 상품 구매행동 분석

Smith *et al.*(2000)	항공운송산업의 e-비즈니스 활동에 대한 변천과정을 소개하고, CRS와 연계하여 항공사의 마케팅 계획, 유통계획 및 운영계획 등에서의 e-비즈니스 적용사례 소개
Alamdari(2002)	디지털 환경 하에서 변화된 항공여행시장의 유통경로를 파악하고 인터넷 여행대리점을 포함하여 온라인 상의 항공권 유통 현황을 분석하였으며, 새로운 시장환경에서 항공사와 여행대리점의 관계변화를 조명
Buhalis and Licata (2002)	항공여행 유통경로로서의 온라인 중개채널(e-travel agent, GDS 등)들의 새로운 환경에서의 비즈니스 모형과 미래에 변화하는 디지털환경을 예측
Jarach(2002)	항공운송사업에서 디지털기술의 영향으로 재편되는 시장구조와 항공사와 여행대리점들이 도입하고 있는 정보화를 바탕으로 한 새로운 비즈니스 프로세스와 그 효과에 대하여 고찰함. 특히, 정보기술의 발전으로 출현한 e-비즈니스가 공급자와 소비시장에 미치는 영향을 분석
Card *et al.*(2003)	EBM(Engel, Blackwell, Miniard)의 소비자 의사결정 프로세스를 이용하여 여행상품 구매에 있어 각각 온라인과 전통적인 유통경로를 통한 shopper와 non shopper간의 구매행동 차이를 분석함. 유통경로의 특성보다는 개인의 특성이 유통경로 선택이나 구매행동에 영향을 더 미치는 것을 고찰함

2) 항공여행의 전통적인 유통구조와 인터넷 등장 이후의 유통구조

여행 유통부문은 전통적인 송출담당 여행사, 투어 오퍼레이터, 인바운드 여행사가 역할을 분담해 왔으며, 이들은 CRS/GDS(computer reservation system, global distribution system) 또는 투어 오퍼레이터의 비디오텍스트 시스템이나 여가 여행 네트워의 지원을 받아왔다. 이러한 전통적인 전자 관광중간유통(traditional electronic tourism intermediaries: eMediaries), 특히 GDS는 점진적인 합병으로 그들의 위치를 강화해 왔다. 인터넷은 신 중간유통(new eMediaries)의 출현 기반을 제공하였다. 이는 ePlatform에 기반한 인터넷, 다중디지털 TV(IDTV), 모바일 기기(mobile devices)이다. 이러한 새로운 중간유통에는 관광공급자인 항공사나 호텔 등의 B2C 예약시스템을 포함하여, 웹기반 온라인 여행사, 인터넷 포탈(및 보탈 : vertical portal)과 경매 싸이트를 포함한다. 현재 한국 시장에서는 미미하나, 디지털 TV나 mCommerce의 예견된 확산은 향후 중간 유통의 치열한 경쟁을 유발할 것이다. 결과로서 전통적인 eMediaries를 포함하여, 유통경로상의 참여자는 생존과 경쟁력 유지를 위해 비즈니스 프로세스를 지속적으로 리엔지니어링 해야 한다. 전통적인 유통채널(그림3)과 인터넷 등장 이후의 유통채널(그림4)은 그림과 같다.

그림3. 전통적인 항공여객 예약 · 발권 유통구조

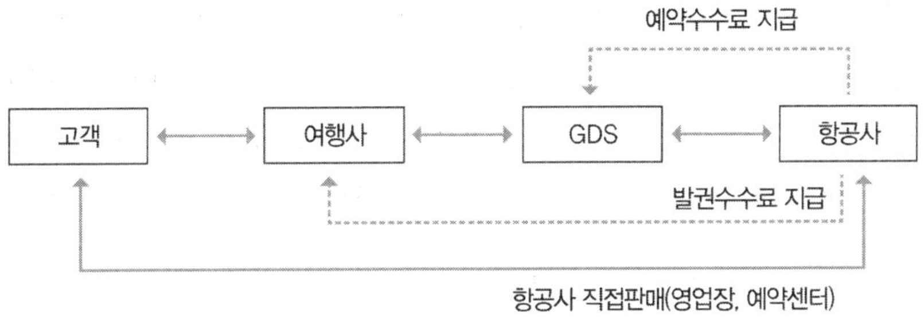

그림4. 인터넷 등장에 의한 항공여객 예약 · 발권 유통구조 변화

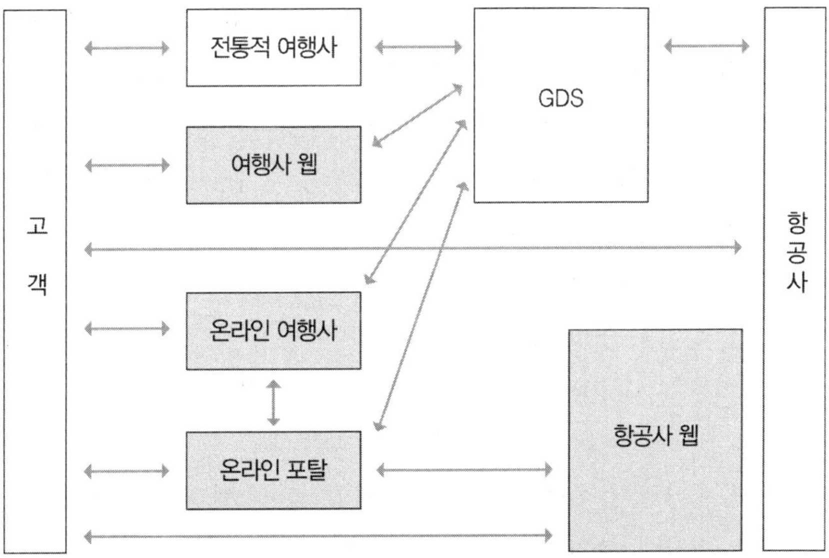

그림3에서는 유통경로에 CRS/GDS를 표시하지 않았으나 여행사들과 공급자인 항공사들과 호텔들의 유통망의 요충에 있다. 전통적 전자 중간유통(eMediaries)인 CRS/GDS, teletext, videotext(viewdata)가 유통망의 중심이었으나 1990년대 후반 인터넷과 eCommerce의 발전에 따른 관광업계의 B2B, B2C어플리케이션 채택으로 산업 환경은 급변하였다. 새로운 전자 관광유통으로 공급자인 항공사나 호텔업계의 인터넷 기반의 온라인 싸이트, 온라인 전문 여행사, 포탈, 보탈(Vortals), 경매 싸이트 등이 출현하여 지속적인 확산을 하고 있다. 이 인터넷 기반 신 중간유통은 새로운 ePlatforms의 3가지 형태(인터넷, 모바일 디바이스, IDTV: Interactive digital television)로 압축된다. 여기에서 영국을 중심으로 한 유럽의 전자 관광 유통에 대한 Buhalis and Licata(2002)의 연구 내용을 기반으로 관광 분야에 있어 유통 채널과 플랫폼의 전망을 살펴본다.

(가) 현대 전자 관광 플랫폼의 효과성

① 인터넷 유통: 인터넷 사용의 확산과 인터넷 접촉대상과 시간의 무제약성에 의한 양질의 정보 교환이 가능하고 타겟 마케팅 및 CRM 프로그램 운영환경이 조성되고 인터넷 유통은 여행업계에 순기능과 역기능을 수반한다. 주요 순기능으로는 유연성과 편리성의 확장, 고객 기반에 대한 접근과 침투 증대, 저 유통 비용, 증가된 고객과의 상호작용, 상품정보의 세계화 등이다. 여행사들에 대한 인터넷 유통의 역기능으로는 거래시 인간적 접촉 부족, 대면 up-sell, cross-sell 기회 부족, 순간적인 고객관계, 거래의 안전성 등을 들 수 있다.

② IDTV: 유통채널로서의 이점으로 디지털 상호작용 TV의 광범위 접촉과 인기채널, 인터넷 대비 큰 고객신뢰 등이며, 불리점으로는 초기 기술수준, 참여 비용의 고가성, 취약한 현 고객 비중 등이다.

③ 모바일 및 mCommerce 유통: 인터넷 전철을 밟을 것으로 전망함. 텔레컴 회사가 온라인 업계와 함께 온라인 여행 서비스를 수행하게 될 것으로 전망함. 또한 기술발전은 위치 불문 가용성을 토대로 최종 순간 고객화 기회 및 가능성을 제공한다.

(나) 전자 관광 중개자 및 유통채널의 미래

① 유통채널과 ePlatform 의 단기 전망: 인터넷과 IDTV, 모바일 디바이스가 가장 우위의 중간유통으로 부상할 것으로 봄과 동시에 GDS도 온라인 여행업계와 공조하거나 새로운 상품을 출시하는 등의 대응으로 긍정적 중립으로 평가하며, 일반 여행사도 약간 낮은 비중으로 전망하고, Viewdata는 영향력이 급감할 것으로 예상하였다.

② 유통채널과 ePlatform의 장기 전망: 가장 우위의 유통채널 및 플랫폼으로 모바일 디바이스, IDTV, 인터넷이 예상되었으며, 전통여행사, GDS, Viewdata 등의 영향력은 감소할 것으로 전망하였다. GDS의 경우 시장을 주도하지 못하고 이의 역할이 크게 변화하여 여행 유통의 기반을 제공하면서 관광 중간자에 대한 솔루션 및 서비스를 수행하는 것으로 전망하였다.

③ 전통적 여행 중개자의 역할 변화: 전통적 여행 중개자는 고객에 대한 직접 판매를 증대할 것이며, 여행 상품 이외의 유통을 증가시키기 시작할 것이다. 온라인 여행사들은 GDS를 우회하여 여행공급원과의 직거래를 증대할 것이다. GDS는 공급자가 인터넷을 활용한 유통을 증대하며 bypass가 증가하는 상황을 맞이하며, 관광 여행 네트워은 인터넷 직거래로 유통우회가 증가할 것이라는 전망과 유사하다. 전문가들은 전통적인 중간 유통은 점차적으로 퇴조하고, 새로운 중간 유통의 출현을 예상한다. 전통적인 오프라인 여행사는 기존의 시장 지배력 상실을 보완하기 위해 휴가여행 패키지, 항공 및 여행 컨설팅 등의 공급업태로 다각화할 것으로 보았다. 미래에 성공적인 중간 유통은 "clicks and mortar"전략을 채택하여 "click-in"(Internet and mCommerce), "call-in"(supported by calling centres) and "step-in"(high street presence)을 병행 · 융합할 것으로 전망한다.

4) 신 중개자의 부상과 전통적 중개자의 미래

신 중개자는 점진적으로 전통적 중개자 영역을 잠식할 것이다. 또한 전통적 중개자는 새로운 산업 환경에 적응하기 위한 온라인 노출을 확대한다. 인터넷, IDTV, 모바일폰이 융합하여 신 중개자에게 더욱 심화된 경쟁우위를 제공하여 다양한 사용자와 시간대, 상황에 대응하는 멀티 플랫폼적 접근 방법이 가능하다. 기존의 중간유통이 점진적으로 와해되고 신 중간 유통이 출현한다. GDS의 경우 온라인 환경에서 지속적인 도전에 직면하나 중단기적 프레임에서는 건재할 것으로 전망된다. 그러나 급격한 기술발전은 그들의 미래적응 노력을 절실하게 요구한다. GDS 미래를 비관하는 입장에서는 이들이 현재의 막강한 영향력과 우위요소를 상실하고 단지 여행공급자를 위해 고속접속과 호스트 시스템을 제공하는 데 그치게 될 것으로 전망한다. 반면에 긍정적으로 보는 견해는 GDS가 직접 고객에게 접하는 시장에서도 심대한 기대 역할이 잠재한다고 본다. 이를 위해 여행 상품 공급업자로 위치하여 다양한 채널 제공, 온라인 직접 노출 확대, 제반 필요 기술에 대한 공급 지원 등의 전략을 채택해야 한다고 주장한다. 중간 유통은 역동적이고 유연하며 창의적인 전략 전술 채택으로 급변하는 산업 환경에 대응하여야 한다. (Buhalis and Licata, 2002)

5. 결론 및 시사점

인터넷의 등장과 디지털화를 포함한 IT기술 발전은 산업과 문화,사회 전반에 큰 변화를 초래하였으며, 특히 웹2.0은 참여와 개방과 공유라는 기치로 사회 환경 변화에 커다란 동인이 되고 있다. 웹2.0이 제공한 기술 환경은 정보 생산의 양과 다양성 확대는 물론 생산된 정보의 전파 속도에 있어서도 가히 혁명적이라 할 수 있다. 지금까지 소수의 공급자가 정보를 독점하고 제품과 서비스를 정해진 유통채널에 따라 제공하던 전통적 구도에 큰 변화를 초래하였다. 웹2.0은 양방향성과 그 역동성으로 공급자의 유통경로 배제 시도와 함께 소비자 주도의 경제가 가능한 환경을 조성하였다. 공급자와 소비자를 연결하여 유통구조 양방향에 대해 상대적인 가치를 제공함으로써 존재해 온 중간 유통경로상 참여자에게도 새로이 형성된 환경은 위기와 함께 기회를 제공하였다. 공급자와 소비자의 직거래 확대, 새로운 전자적 유통기관의 등장과 이에 따른 전통적 참여자들의 대응 등 유통경로의 다양화와 구조변화와 관련하여 다음과 같은 시사점을 언급하고자 한다. 우선적으로 웹2.0시대의 유통 경로 환경의 변화를 종합해 보면,

첫째, 신기술의 발전에 따라 발생하게 되는 유통구조상의 탈 중개 현상과 유통구조 변화는 새로이 진입한 참여자의 기술적인 강점을 기존의 유통 경로상의 참여자들도 활용할 수 있을 때, 신규 참여자에게 잠식 되었던 시장 점유부분을 회복하는 것으로 분석된다.

둘째, 유통경로상의 중개-탈중개-재중개의 과정은 산업의 구조나 형태와 환경에 따라 차이가 있을 수 있으나 기술 발전 과정에서 반복적인 재현 현상을 보일 것으로 보인다.

셋째, 웹2.0환경과 기술 발전에 따라 공급자는 전통적인 유통구조에서 유통기관에 지불하던 유통비용절감을 위해 유통경로를 우회하는 소비자와 직접적인 거래를 지속적으로 확대할 것이며, 발전하는 기술은 이를 더욱 촉진할 수 있는 환경을 제공할 것이다.

넷째, 신기술의 도입으로 유통 경로상의 참여자, 참여 형태와 방법은 다양하게 변화할 것이다.

다음으로 항공여행 유통경로상의 참여자에 대한 시사점으로는

첫째, 공급자인 항공사는 자사의 소비자 직거래 채널인 홈페이지를 통해 GDS나 일반여행사는 물론 온라인여행사를 배제하는 방법이나, 수개 항공사 공동의 온라인 여행사나 포털을 운영하는 방법으로 직거래 채널을 강화하고 있다. 그러나 이러한 방법이 자사의 직접 판매 영업장 매출이나, 콜센터 비중 축소에는 직접적인 영향을 줄 것이나, 일반적으로 항공발권의 90% 수준인 간접 판매 영역을 큰 폭으로 잠식하는 데는 여러 가지 한계가 있는 것으로 보인다. 그러한 판단의 근거로는 특정 노선에서 특정의 항공사를 선택하기 위해서는 비교할 수 있는 정보가 필요하며, 이러한 정보는 GDS나 여러 항공사를 판매하는 여행사 사이트에서나 가능하기 때문이다. 그러나, 지속적으로 온라인 직판 비중 확대와 여행사에 지불하는 판매 수수료율 축소나 중단 등의 여지는 여전한 바 이에 대한 여행업계의 생존 전략 모색이 필요하다.

둘째, GDS는 항공사 온라인, GDS를 우회한 온라인 포털 등의 비중이 지속적으로 증대되고, GDS 주 수입원인 항공사의 예약 수수료는 감소하고 있어, 이를 극복할 수 있도록 여행업계에 대한 IT Provider 내지 마케팅 정보 공급자 등 대안 모색이 필요하다.

셋째, 전통적인 여행사의 경우에 홈페이지나 별도의 온라인 채널을 이용하여 고객과의 다양한 접촉 방법의 확대가 필요하다. 일반적으로 패키지 고객은 상품의 다양성과 정보비교, 상대적인 가격 저렴도에 반응적이며, 상용 여행 고객은 여행사의 서비스 수준과 스케줄의 편의성에 유의하는 만큼 이를 위해 온오프라인 채널을 병행 활용할 필요가 있다. 거래 안전성과 안정성의 온라인 한계 극복과 오프라인의 강점을 활용하는 전략이다.

넷째, 여행사의 온라인채널이나 온라인여행사의 경우, 고객의 다양한 욕구와 개별적인 개성을 충족할 수 있도록 롱테일 경제가 지배하는 시대에 부합하는 차별화 전략을 통하여 특징을 부각할 수 있는 특화 전략도 하나의 대안이다.

다섯째, 여행업계 유통경로상에서 공급자와 소비자 모두에 필요한 존재의 의미를 제공할 수 있는 정보중간상의 비중과 영역이 지속 확대될 것이다. 다양한 정보, 고객이 필요로 하는 맞춤 정보, 가격 비교 사이트 등이 하나의 사례이다.

또 다른 차원에서의 시사점으로는 웹2.0시대의 역기능적 상황으로 유통구조 참여자는 물론 사회전반 수준에서 웹2.0의 특성인 역동성과 정보의 확산 속도와 관련된 문제이다. 긍정적인 정보의 신속한 확산과 함께, 인터넷의 익명성으로 선정적이고 왜곡된 정보가 확산 전파될 수 있다. 상대적으로 양질의 정보가 사장되고 바람직하지 않은 시간과 네트웍의 자원낭비 방향으로 흐를 수 있으므로 이를 적절히 제어하고 조절할 수 있는 대비가 필요하다.

본 연구의 제한점으로는 유통경로 특히 항공여행 유통경로 상의 중간상인 여행사에 대한 구체적 사례 분석이 이루어지지 못하였고, 아울러 실증분석이 수행되지 않았다. 이에 대해서는 별도 연구과제로 하여 후속하여 진행할 예정이다.

참고문헌

권기덕, 최병삼, 이성호, 김재윤(2007), "웹2.0이 주도하는 사회와 기업의 변화", 삼성경제연구소.

권기덕, 복득규(2006), "인터넷 비즈니스 모델의 진화와 시사점", SERI 경제 포커스 제117호.

오창호(2000), "디지털이코노미와 유통업의 새로운 패러다임", 유통저널, pp. 42-46.

이동일(2000), "인터넷 경로배제위협이 유통구조에 미치는 영향에 관한 연구", 마케팅과학연구, 제6집.

이문규, 안광호, 김상용(2004), "인터넷 마케팅", 법문사.

이준기, 임일(2007), "웹2.0 비즈니스 전략", 시그마인사이트컴, 서울.

임영균, 안광호, 김상용(2003), 유통경로관리, pp. 90-93, 경문사

임영균, 안광호, 김상용(2007), 고객지향적 유통관리, pp. 9-14, 학현사.

전경련(1999), "전자상거래 확산과 기업의 대응 전략 세미나".

조남재 외(2005), 정보기술과 기업경쟁력, 21세기 한국 메가트렌드시리즈2, 05-34, 정보통신정책연구원

홍동표(1999), "새로운 정책 패러다임", 디지털 경제정책토론회 발표자료.

Bakos, Y., Brynjolfsson, E.(1993), "From Venders to Partners: Information Technology and Incomplete Contracts in Buyer-Supplier Relationships," Journal of Organizational Computing.

Buhalis, D., Licata, M.C.(2002), "The future eTourism intermediaries," Tourism Management 23, pp.207-220. London.

Chen, M.(2003), "Factors affecting the adoption and diffusion of XML and Web Services standards for E-business system," International Journal of Human-computer Studies,58, 259-279.

Chircu, A.M., Kauffman, R.J.(1999), "Analyzing Firm-Level Strategy for Internet-Focused Reintermediation," Proceedings of the 32nd Hawaii International Conference on System Sciences - 1999.

Chircu, A.M., Kauffman, R.J.(1999), "Strategies for Internet Middleman in the Intermediation/Disintermediation/Reintermediation Cycle," Electronic Markets, Vol.9(1/2), 109-117.

Chircu, A.M., Kauffman, R.J. (2000), "Reintermediation Strategies in Business-to-Business

Electronic Commerce," Forth-coming in International Journal of Electronic Commerce, Fall.

Hoffman, D.L., Novak, T.P. and Chatterjee, P.(1995), "Commercial Scenarios for the Web: Opportunities and Challenges," Journal of Computer-Mediated Communication, Vol.1, No.3, December.

Jin, L., Robey, D.(1999), "Explaining cybermediation: an organizational analysis of electronic retailing," International Journal of Electronic Commerce.

Malone,T.W., Yates, J.A., Benjamin, R.I.(1989). "The Logic of Electronic Markets," Harvard Business Review, May-Jun, pp. 15-21.

Rogers, E. M.(2003), "Diffusion of Innovations(5th ed.)," New York: The Free Press.

Sarker, M.B., Brian,B., Steinfield, C.(1998), "Cybermediaries in Electronic Marketspace: Toward Theory Building," Journal of Business Research, 41.

Scott, Judy(2000), "Emerging Patterns from the Dynamic Capabilities of Internet Intermediaries," Journal of Computer Mediated Communication, No.5, Vol.3.

ThinkEquity Partners LLC(2006), "Think Media: Understanding Convergence"," 2006.9.11

Turban, E., King, D., Viehland, D., Lee, J.(2006), "Electronic Commerce 2006," Pearson Education, pp. 88-91.

www.britannica.com

www.gartner.com

04

e-서비스의 고객수용

UTAUT모형을 이용한 항공사 e-서비스의 고객수용과 이용행태에 대한 연구

* 본 논문은 한국관광·레저학회의 관광·레저연구 제23권 제6호(통권61호, 2011년 8월, pp.471-491)에서 전재합니다.

UTAUT 모형을 이용한 항공사 e-서비스의 고객 수용과 이용행태에 대한 연구

Customer Acceptance & Usage Behavior for Airline e-Services by using UTAUT model

김병헌(한국관광대학 관광경영과 교수),
윤문길(한국항공대학교 교수)

▪ Abstract ▪

The growth of new technologies in service delivery and increasing labor costs has led service providers to introduce new service delivery options which allow customers to serve themselves as an alternative option in airline industry. Use of internet, wireless technology, mobile devices and kiosk services has brought new opportunities for airline business to offer a variety of products and services. Lots of theories have been developed to explain the adoption of technology by the users but little research has been carried out regarding the adoption and customers behavioral intention to use information & communication technology(ICT) service in airline passenger transportation. The objective of this research is to find out what are the important factors determining passengers intention to use and adoption of the ICT based airline services. Another aim of this paper is to review whether there is a difference in adopting and using behavior among ICT based services. We adopted the UTAUT introduced by Venkatesh *et al.*(2003), which consists of four key factors. We found that the UTAUT model is accepted generally with some exceptions in ICT based airline passenger services.

주제어_ 정보통신기술 서비스(ICT service), 항공사 e-서비스(Airline e-service), 정보기술통합 모형(UTAUT), 기술수용(Technology acceptance)

1. 서 론

정보통신 기술의 발전은 다양한 산업분야와 개인의 행동변화에 영향을 주고 있다. 정보통신 기술은 초기에는 기업의 업무효율화에 초점이 맞춰져 도입되고 운영되었으나, 인터넷 등장과 발전에 의한 인터넷 기반의 정보기술 활용은 고객과의 새로운 관계를 형성하면서 다양한 형태로 발전되고 있다. 인터넷을 이용한 정보의 공유와 확산, 거래처리 절차의 혁신 등은 기업과 조직체의 생산 및 유통방식의 변화, 고객 서비스 제공방식의 변화 등 새로운 경제활동을 촉진시키고 있다(Buhalis, 2004).

정보통신 기술은 매우 빠른 속도로 발전하고 있다. 특히, 웹 서비스 기술의 발전은 블로그와 같은 개인용 미디어나 소셜네트워크 서비스(Social Network Service) 등을 통하여 소비자들과의 쌍방향 상호작용을 더욱 촉진 하는 계기가 되었다. 인터넷을 이용한 고객과의 상호작용 기술은 고객 니즈(needs)를 신속하게 반영하는 통로 역할을 수행할 수 있고, 이 같은 기술 변화는 인터넷 기반의 거래 활동에서 비대면 거래(non-faced transaction)의 단점을 보완할 수 있게 되었다(Buhalis, 2004).

항공운송을 위해서 항공사는 여객에 대한 예약기록의 유지와 관리, 공항에서의 탑승수속, 항공기 출발 후의 확인절차 등의 복잡한 업무절차가 요구된다. 이용 여객수가 증가하면서 이러한 여객처리에 대한 업무관리상의 문제발생 여지가 커지고, 고객 불만과 비용 증가가 수반하게 되었다. 이 같은 항공운송과 관련된 복잡한 업무절차를 효과적으로 지원하기 위하여 등장한 것이 항공예약 시스템인 CRS (Computerized Reservation Systems)이다. CRS는 항공여행을 위한 항공예약, 발권, 운임 정보뿐만이 아니라, 호텔, 렌터카, 철도, 크루즈 등의 예약 및 운임 정보를 제공하며, 각국의 출입국 절차, 날씨, 교통편 등 여행에 필요한 제반 여행정보를 제공하고 있다. 항공사의 CRS 개발과 적용은 컴퓨터 기술을 경영분야에 실시간으로 적용한 최초의 사례였으며 최초의 전자상거래의 예라 할 수 있다(McIvor, O'Reily & Ponsonby, 2003).

인터넷을 기반으로 제공되는 e-서비스는 많은 관심을 받고 연구가 이루어져 왔다(Santos, 2003). e-서비스에 대한 인식과 관점의 차이에 따라 e-서비스에 대한 정의도 다양하게 나타나고 있는 데, 서비스가 전달되는 매체를 중심으로 정의하거나 서비스의 생산, 유통 및 결과산출 중심으로 정의될 수 있다(Scupola & Nicolajsen, 2009). Grönroos(2000)는 e-서비스를 인터넷에 의해 중개된 결과물의 전달과 소비라고 정의하였다. 즉, 서비스 제공자와 고객 사이에 쌍방향 중개자로서의 역할로 e-서비스를 정의하고 있다. Boyer, Hallowell &

Roth(2002)는 멀티미디어 기술에 의해 인터넷 상에서 전달된 모든 양방향 서비스를 포함하는 것으로 e-서비스를 정의하고 있다. 이 같이 서비스 전달매체로서 인터넷 또는 정보기술의 중요성에 중점을 둔 e-서비스 정의는 Rust & Lemon(2001), Rust & Kannan(2003), Ghosh(2004), Javalgi, Martin & Todd(2004) 등에 의해서도 제시되고 있다. 특히, Zeithaml, Parasuraman Malhotra(2002)는 e-서비스를 인터넷을 통해 전달되는 웹 서비스라고 정의하였다.

따라서 e-서비스는 서비스 전달과정 뿐만 아니라 생산, 유통 및 결과 산출과정을 포함하여 정의되어야 한다. 본 연구에서는 e-서비스를 정보통신기술을 매개로 고객에게 가치를 창출하거나 편익을 제공하는 경제활동으로 정의한다. 특히, 항공사 서비스로 연구대상으로 하여, 항공사 e-서비스를 항공여행과 관련하여 항공사에서 정보통신기술을 매개로 하여 항공여객에게 제공하는 일련의 서비스로 정의한다.

항공사는 정보기술을 활용하여 고객에게 새로운 가치와 경험을 제공함으로써 항공사의 영업능력을 크게 향상 시켰다(Jarach, 2002; Yoon, Yoon & Yang, 2006). 웹 사이트를 통하여 항공권의 판매 및 판매촉진에 관한 정보를 제공하고, 고객의 여행에 필요한 운항일정, 운임과 운임조건, 예약절차 안내, 공항 및 기내 서비스 정보, 상용고객 우대 프로그램 정보, 예약센터 정보 등을 제공하고 있다. 또한 다양한 정보기기를 활용하여 고객과의 효과적인 의사소통 및 거래처리를 지원함으로써 고객지향적인 경영활동을 지속하고자 한다(Oktal & Oktal, 2009). 따라서 항공사는 정보통신기술을 이용하여 고객에게 제공하는 다양한 서비스가 고객에게 수용되고 이용되는 과정에 대해 인식할 필요가 있다.

항공사에서 정보통신 기술을 활용한 대표적인 서비스 혁신이 전자발권(e-Ticketing)과 전자항공권(e-Ticket)이다. 전자발권이 보편화되면서 국제항공운송협회(International Air Transport Association)에서는 전자발권과 연계하여 업무단순화(Simplifying the Business) 과제를 통해 고객서비스 개선 활동을 추진하고 있다. 즉, 키오스크(Kiosk), 모바일 및 스마트 폰을 활용한 다양한 응용서비스(application)의 개발, 인터넷 수속 등 정보통신기술을 활용한 여러 가지 서비스가 고객의 다양한 플랫폼으로 제공될 수 있도록 하고 있다 (IATA, 2011).

항공운송산업에서 정보통신기술을 이용한 고객의 서비스 수용 및 이용행태는 인터넷 이용환경의 변화, 항공운송 서비스의 특성, 서비스 이용단말(플랫폼)의 유형에 따라 변화될 수 있다. 특히, 정보통신기술 기반의 서비스를 이용하기 위한 웹, 키오스크, 모바일 단말은 각각 이용특성이 다르면서 서비스 제공에 중요한 역할을 하고 있다.

항공사는 여객 서비스 지원을 위하여 다양한 정보통신기술이 적용되고 있지만, 기존의 연구는 대부분 기술수용모형(Technology Acceptance Model) 모형을 기반으로 웹사이트 이용 및 품질요인 분석과 공항의 무인 탑승수속기 이용에 대한 이용자 행태분석을 중심으로 이루어져 왔다(김문주 · 백정승 · 윤문길, 2008; Chang & Yang, 2008; 최환석 · 조주은 · 함성필, 2009; Lu, Chou & Ling, 2009). 그러나 이들 연구가 가지는 한계점은 항공사를 이용하는 고객의 정보통신기술 기반의 서비스 수용과정에 대한 행태적 접근을 중심으로 이루어졌다. 또한, 항공사는 점차 발전된 정보통신기술을 고객 서비스 제공에 도입하고 있고, 고객의 서비스 이용 플랫폼 역시 다양하게 발전하고 있다. 따라서 본 논문에서는 항공사의 정보통신기술 기반의 고객 서비스에 대해 웹사이트, 모바일/스마트폰, 셀프서비스 기기 등으로 플랫폼을 구분하여 고객의 서비스 수용 및 이용행태에 대해 Venkatesh *et al.*(2003)의 기술수용통합모형(Unified Theory of Acceptance and Use of Technology)을 이용하여 분석하고자 한다.

UTAUT는 정보기술을 이용하려는 이용자 의도와 이용행태를 설명하기 위해 기존의 기술수용과 관련된 연구를 종합하여 Venkatesh *et al.*(2003)에 의해 제안된 모형으로 정보통신기술 기반의 서비스 수용에 대한 다양한 연구에서 그 모형의 타당성이 지지되었다. Wang & Yang(2005)는 온라인 증권 투자환경에서 개인특성 (Personal traits)의 역할에 대한 연구에 UTAUT 모형을 적용하였다. 이 밖에 많은 연구에서 UTAUT 모형을 적용하여 연구하였고, UTAUT 모형이 기술수용 의도 및 이용을 설명하는데 타당함을 보여주었다(〈표 1〉). 따라서 UTAUT 모형을 이용하여 항공사 e-서비스에 대한 고객수용 및 이용행동에 대한 실증분석을 실시하고, 이를 바탕으로 국내 항공산업에 적용할 수 있는 시사점을 도출하고자 한다.

표1. UTAUT를 이용한 정보기술 수용 및 이용행동에 대한 주요 연구

연구자	주요 연구내용
Wang & Yang(2005)	온라인 증권 투자환경에서 개인특성 (Personal traits)의 역할에 대한 연구
Marchewka, Liu & Kostiwa (2007)	다양한 형태의 원격 교육 프로그램 사용 예측에 대한 정보 분석연구
Koivimaki, Ristola & Kesti (2008)	개인의 모바일 서비스에 대한 서비스 및 기술 수용연구
유호선 · 김민용 · 권오병 (2008)	유비쿼터스 컴퓨팅 서비스 수용에 대한 연구
Eckhardt, Laumer & Weitzel (2009)	기술 수용의도에 직장 내 상사 및 동료 등 레퍼런스 집단의 사회적 영향에 대한 연구
Al-Qeisi(2009)	인터넷 뱅킹 채택에 관한 온라인 행태 연구
오종철(2010)	인터넷 서비스 수용의 영향 요인에 대한 연구
이동만 · 림계화 · 장성희 (2010)	인터넷 뱅킹 채택에 대한 한국과 중국의 행태비교 연구
Curtis 등(2010)	미국의 409개 비영리기관의 소셜 미디어 채택에 대한 연구
Verhoeven, Heerwegh & DeWit(2010)	컴퓨터 사용빈도 연구에 적용
Zhou, Lu & Wang(2010)	모바일 뱅킹에 대한 이용자 수용요인에 대한 연구

2. 정보기술 기반의 항공사 여객 서비스 운용현황

항공사에서는 여객운송과 관련된 다양한 업무처리와 서비스가 고객과의 상호작용을 통하여 이루어지고 있다. 항공사 여객서비스는 판매활동과 관련된 예약 및 발권서비스, 공항운송 활동인 탑승수속, 탑승 및 수화물 관리 서비스, 기내 서비스 등 본원적 서비스와, 여행정보, 운항정보, 운임정보 등 각종 정보의 제공, 멤버쉽 회원(FFPs)관리, 고객만족 관리 등 지원서비스로 구분할 수 있다(윤문길 등, 2008). 본원적 서비스는 판매 및 고객운송과 관련된 직접적 서비스를 의미하고, 지원서비스는 정보제공 등의 본원적 서비스를 지원하기 위한 서비스로 정의할 수 있다.

예약 및 발권 서비스는 판매활동을 통해 다양한 방식과 경로로 고객에게 제

공되고 있다. 전통적으로 항공사의 예약 및 발권 서비스는 컴퓨터 예약시스템(CRS)을 통해 이루어져 왔고, 항공사 또는 대리점의 전문적인 직원에 의해 재공되어 왔다. 그러나 정보통신기술의 발전과 전자발권(e-Ticketing)의 도입으로 웹 또는 모바일 기술을 이용하여 고객이 직접 여정을 결정하여 예약 및 발권을 할 수 있는 환경이 조성되었다(이휘영 · 윤문길, 2009).

공항에서 제공되는 여러 운송서비스의 경우에도 정보통신기술은 큰 영향을 미치고 있다. 전자발권이 각국의 항공사에 의해 정착되어감에 따라 IATA는 공항에서의 여객서비스 간소화를 통한 항공사의 업무효율 향상과 고객의 신속한 여행을 지원하기 위해 정보통신 기술을 이용한 '업무간소화(Simplifying the Business, StB)[1]' 프로그램을 진행하고 있다(IATA, 2011). StB는 전자항공권을 기반으로 정보통신기술을 활용하여 고객의 서비스처리 절차를 간소화하여 고객의 만족도를 높이고 공항과 항공사의 효율성을 높이기 위한 목적으로 추진되고 있다.

항공기 내에서도 항공사는 다양한 형태의 기내서비스를 고객에게 제공한다. 식음료 서비스, 기내오락 서비스, 입출국 정보제공 서비스, 도착공항 정보 및 환승정보 등을 기내에서 고객에게 제공하고 있다. 인터넷의 이용이 확대되면서 일부 항공사에서 기내 인터넷 서비스를 도입하여 고객에게 제공하기도 하였으나 지속되지 못하였고, 기내오락 서비스(In-Flight Entertainment, IFE) 제공 시스템을 통해 고객과의 상호작용이 가능한 오락 서비스를 제공하고 있다. 또한, IFE 시스템을 통한 면세품 판매, 취항지 정보, 도착지 정보 등을 고객에게 제공해 주고 있다.

항공사는 자사의 웹 사이트를 통해 일반 여행정보, 항공기 스케줄 및 출도착 정보, 운임 및 도시 정보 등 다양한 정보와 함께, FFP 회원 관리 및 보상서비스 신청 처리 서비스 등을 제공하고 있다. 아울러 고객불만 사항에 대한 접수 및

1) 항공사 유통구조를 디지털 기반으로 전환하는 과제, 표준화된 공용 셀프서비스(Common Use Self Service)기기를 활용하는 과제, 탑승권에 사용될 바코드에 대한 표준화 과제, RFID(Radio Frequency Identification) 기술을 채택한 수하물 처리 과제, 항공사간 자동화된 시스템 처리로 단일화, 자동화된 거래가 가능하도록 하는 과제를 설정하여 추진하고 있다.

안내를 통해 고객만족을 높이기 위한 서비스 활동을 수행하고 있다 (홍외성 · 손원목 · 윤문길, 2009). 이 같은 다양한 지원서비스는 인터넷 웹사이트를 통해 지원되어 왔으나, 최근 정보기술의 발전으로 모바일 인터넷, 스마트 폰 등으로 적용분야가 확대되고 있다.

항공사의 여객서비스를 효과적으로 제공하기 위해서는 서비스를 지원하기 위한 정보시스템의 구축과 함께 고객과의 지속적인 소통 채널 확보가 필수적이다. 항공사는 대규모 업무량과 글로벌 영업을 지원하기 위해 다양한 정보통신기술을 활용하여 대규모 정보시스템을 구축하여 운영해오고 있다. 그러나 고객과의 직접적인 소통채널을 확보하는 것이 용이하지 않았다. 초기의 전화, 팩스 등의 단순기술을 이용한 의사소통 채널이, 인터넷의 확산과 정보통신기술의 발전으로 인터넷 웹사이트, 메신저, 이동통신기술을 활용한 단문메시지, 무선 인터넷 등으로 발전 되어졌고, 스마트폰의 발전으로 다양한 형태의 고객 상호작용을 지원하기 위한 채널이 가능하게 되었다.

정보통신기술의 발전은 고객과의 직접 소통채널을 효과적으로 확보할 수 있는 기반을 제공해 주고 있다. 1990년대 중반 인터넷의 상용화가 이루어지면서 항공사들도 자체 웹 사이트를 개설하고 소비자들과 양방향 의사소통을 개시하면서 항공시장의 가치사슬과 유통경로(distribution channel)가 새로운 모습으로 변모하기 시작하였다(Jarach, 2002; Yoon, Yoon & Yang, 2006). 항공사에서는 인터넷을 비즈니스 수단으로 도입하면서 항공사의 사업활동 전개에 많은 영향을 주었고, 항공권의 생산단계(일정, 가격 및 이용조건 등)에서부터 유통체계, 소비자와의 관계, 기타 관련 사업자와의 관계에까지 영향을 주어 이들 간의 새로운 관계가 형성되고 있다.

항공사와 이용 고객과의 상호작용에 있어서 고객이 필요한 정보를 획득하고 서비스를 제공받기 위해서 전통적으로는 항공사 영업장을 방문하거나 여행사 등 중간상을 방문하거나, 또는 콜센터와 유선 접촉하는 방식이었다. 이와 같은 방식은 고객에게 있어서는 서비스 현장 접근이 필요하고, 서비스 대기행렬에서 순서를 기다리는 데 따른 시간적, 경제적 손실이 발생하게 된다. 또한, 항공사에게 있어서는 고객의 요구에 부응하기 위해 상당한 수준의 직접적인 대고객 서비스 조직 및 인력 운용 필요성에 따른 비용 증가가 수반하게 된다.

정보통신기술의 발전은 웹 사이트 이용의 활성화뿐만 아니라 다양한 정보기기의 활용을 통한 고객 서비스의 제공을 가능하게 하였다. 웹 및 모바일을 이용하여 탑승수속 및 좌석 배정이 가능해졌고, 공항의 키오스크 (Kiosk)를 이용하여 무인 탑승수속이 가능하게 되었다. 특히, 모바일 인터넷의 발전과 스마트폰의 등장으로 여객서비스 제공에 있어 보다 개인화되고 특화된 다양한 서비스 제공이 가능하게 되었다(홍외성 · 고명석 · 윤문길, 2007).

항공사의 정보통신기술 기반의 여객서비스 제공은 고객의 이용 플랫폼의 발전에 따라 다양한 형태로 발전되고 있다. 〈표 2〉에서 보는 바와 같이 항공여행 서비스를 이용하는 고객의 플랫폼은 기술 특성에 따라 웹 사이트, 모바일 및 스마트 폰, 키오스크로 구분할 수 있다. 따라서 인터넷의 활성화에 따라 다양한 경로를 통해 서비스 이용이 가능해졌고, 키오스크, 모바일 및 스마트 폰의 보급 확대로 다양한 플랫폼(Platform)으로 서비스가 이용되고 있다.

표2. 정보통신기술 기반의 항공사 여객서비스 이용 플랫폼

서비스 이용 플랫폼	주요 특징
웹사이트	개인용 컴퓨터 기반의 고정된 위치, 다양하고 풍성한 서비스 제공, 별도의 이용자 인지절차 필요
모바일/스마트폰	이동성 높은 개인용 휴대기기 활용, 이용자 인지 용이성으로 개인화되고 특화된 서비스 제공 가능, 위치정보를 이용한 다양한 응용 서비스 제공 가능, 서비스 제공에 무선통신 링크의 전송속도에 의해 제한 받음
키오스크 (Kiosk)	특화된 서비스 중심의 편리한 이용환경 제공, 고정된 위치, 이용자 인지를 위한 절차 필요, 응용서비스 제공은 제한적임.

따라서 전통적 항공사 여객서비스에 대해 정보기술을 활용하여 제공 가능한 서비스를 고객이 이용 가능한 플랫폼에 따라 정리하면 〈표 3〉과 같이 나타낼 수 있다. 즉, 항공사 여객서비스는 다양한 플랫폼으로 고객에게 제공될 수 있으나, 각 플랫폼의 특성에 따라 제공서비스의 종류 및 서비스 제공수준이 다르게 된다. 따라서 고객이 이용하는 플랫폼의 유형에 따라 정보통신기술 기반의 항공사 e-서비스의 수용 및 이용의도가 달라질 수 있다.

표3. 이용자 플랫폼별 이용 가능한 항공사 여객서비스

<table>
<tr><th colspan="3" rowspan="2">여객서비스</th><th colspan="3">이용자 플랫폼</th></tr>
<tr><th>웹 사이트</th><th>모바일/ 스마트폰</th><th>키오스크</th></tr>
<tr><td rowspan="11">본원적서비스</td><td>예약 서비스</td><td>예약접수</td><td>O</td><td>O</td><td>-</td></tr>
<tr><td>발권 서비스</td><td>항공권 발권</td><td>O</td><td>O</td><td>O</td></tr>
<tr><td rowspan="4">운송 서비스</td><td>탑승수속</td><td>O</td><td>O</td><td>O</td></tr>
<tr><td>항공기 탑승</td><td>-</td><td>O</td><td>O</td></tr>
<tr><td>승객 하기</td><td>-</td><td>-</td><td>-</td></tr>
<tr><td>연결 및 통과 승객</td><td>-</td><td>O</td><td>O</td></tr>
<tr><td rowspan="5">객실 서비스</td><td>좌석 안내 및 이륙준비</td><td>-</td><td>-</td><td>-</td></tr>
<tr><td>기내 오락</td><td>-</td><td>O</td><td>-</td></tr>
<tr><td>기내식음료</td><td>-</td><td></td><td>-</td></tr>
<tr><td>기내 면세품 판매</td><td>O</td><td>O</td><td>-</td></tr>
<tr><td>입국 서류안내</td><td>-</td><td>-</td><td>-</td></tr>
<tr><td rowspan="6">지원서비스</td><td rowspan="4">정보 제공 서비스</td><td>여행정보</td><td>O</td><td>O</td><td>O</td></tr>
<tr><td>운항정보</td><td>O</td><td>O</td><td>O</td></tr>
<tr><td>여행상품 정보</td><td>O</td><td>O</td><td>-</td></tr>
<tr><td>운임 정보</td><td>O</td><td>O</td><td>-</td></tr>
<tr><td colspan="2">FFP 관리</td><td>O</td><td>O</td><td>O</td></tr>
<tr><td colspan="2">고객만족</td><td>O</td><td>O</td><td>-</td></tr>
</table>

3. 연구모형

본 연구에서는 항공사를 이용하는 고객의 정보통신기술 기반 여객서비스의 수용과 이용의도를 UTAUT 모형을 적용하여 분석한다. UATUT 모형은 정보기술 이용의도와 이용에 관련된 기존 연구로부터 유의적인 32개 요인을 통합하여 4개의 핵심요인을 도출하고, 이를 바탕으로 정보기술 이용의도 및 이용행태에 대한 분석모형을 제시한 모형이다(Venkatesh, Morris & Davis, 2003). 즉, 성과에 대한 기대 (Performance Expectancy), 노력에 대한 기대 (Effort Expectancy), 사회적 영향 (Social Influence), 활성화 조건 (Facilitating Conditions)의 4개의 핵심요인이 개인의 정보기술의 이용의도 및 이용행태에 영향을 미치고 있으며, 성별, 나이, 경험 및 사용자발성이 조절변수로 영향을 주고 있음을 설명하고 있다.

따라서 본 연구에서는 항공사 e-서비스에 대한 구객의 수용 및 이용행동에 대한 분석을 위해 UTAUT 모형을 적용하고, 4개의 핵심요인을 변수로 하여 항공사 서비스의 특성을 반영하여 가설을 설정하고 이에 대한 실증분석을 실시하고자 한다. 본 연구에서는 적용한 연구모형은 UTAUT의 기본 모형을 적용한 것으로 〈그림 1〉과 같다.

그림1. 연구모형

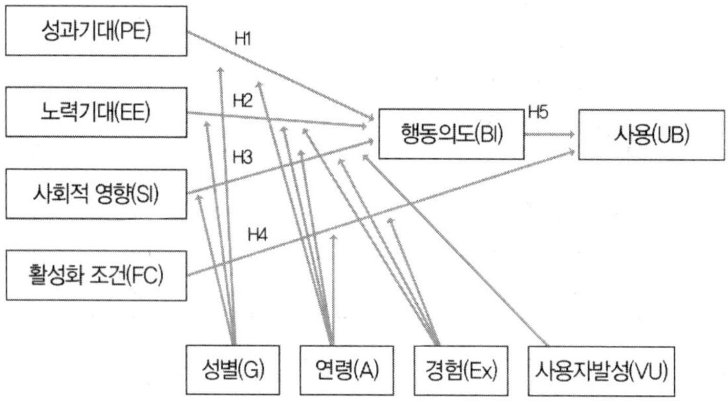

▪ 성과에 대한 기대

Venkatesh *et al.*(2003)은 성과기대를 "개인이 시스템을 사용하여 작업성과를 얻는 데 도움 될 것으로 믿는 정도"라고 정의 하였다. 본 연구에서는 항공사를 이용하는 고객이 항공사 정보시스템을 이용하여 서비스 이용에 도움 될 것이라는 개인적인 믿음의 인지정도로 정의한다. 성과에 대한 기대는 인지된 유용성, 외부적 동기, 직무적합성, 상대적 이점, 산출에 대한 기대 등의 관련 모형으로부터 도출되었다. 따라서 다음과 같이 가설을 설정한다.

가설 1(H1): 성과에 대한 기대는 정보통신 기반의 항공사 e-서비스 이용에 대한 행동의도에 정(+)의 영향을 미칠 것이다. 그 영향의 정도에서 성별과 연령에 따라 차이가 있을 것이다.

▪ 노력에 대한 기대

Venkatesh *et al.*(2003)은 노력에 대한 기대를 "시스템 사용시 용이성과 관련한 정도"라고 정의하였다. 본 연구에서는 항공사 고객이 항공사 정보시스템을 이용한 여객 서비스 이용시 용이함의 인지한 정도로 정의한다. 노력에 대한 기대는 인지된 사용용이성, 복잡성, 이용용이성에 대한 관련 모형에서 도출되었고 다음과 같이 가설을 설정한다.

가설 2(H2): 노력에 대한 기대는 정보통신 기반의 항공사 e-서비스 이용에 대한 행동의도에 정(+)의 영향을 미칠 것이다. 특히, 성별과 연령, 경험에 따라 미치는 영향정도에서 차이가 있을 것이다.

▪ 사회적 영향

Venkatesh *et al.*(2003)의 연구에서 사회적 영향은 사용자의 행동에 큰 영향을 주는 주요 변수임을 인지하여, 사회적 영향을 "내가 새로운 시스템을 사용해야 한다고 나에게 중요한 타인이 믿고 있다는 것에 대한 나의 개인적인 인지의 정도"로 정의하였다. 본 연구에서는 항공사 고객이 항공사 정보시스템을 이용한 여객서비스를 사용해야 한다고 자신에게 중요한 타인이 믿고 있다는 것에 대한 개인적인 인지의 정도로 정의하고, 다음과 같은 가설을 설정한다.

가설 3(H3): 사회적 영향은 행동의도에 정(+)의 영향을 미칠 것이다. 성별과 연령, 경험, 자발성에 따라 미치는 영향정도에서 차이가 있을 것이다.

▪ 활성화 조건

활성화조건은 "조직과 기술적 인프라가 그 시스템 사용을 지원하기 위해 존재한다고 개인이 믿는 정도"라고 정의하고 이는 행동의도와 사용행동에 영향을 주는 변수임이 확인 되었다(Venkatesh *et al.*, 2003). 본 연구에서는 항공사 고객이 항공사의 조직과 기술적 인프라가 항공사의 정보기술을 이용한 여객

서비스 이용을 지원하기 위해 존재한다고 개인이 믿는 정도로 정의하고, 다음과 같은 가설을 설정한다.

가설 4(H4): 촉진조건은 사용행동에 정(+)의 영향을 미칠 것이다. 연령과 경험에 따라 미치는 영향정도에서 차이가 있을 것이다.

▪ **행동의도**

행동의도는 사용자가 지속적으로 정보통신기술을 사용하거나 다른 사람에게 추천하고자 하는 의도의 정도를 의미한다. 이러한 행동의도가 실제 사용에 영향을 미치는 것에 대한 연구는 여러 선행연구에서 제시되어 왔다(Davis, 1989; Taylor & Todd, 1995). 본 연구에서는 항공사의 정보기술을 이용한 여객서비스를 현재 또는 미래에 사용할 의도나 계획으로 정의하고, 다음과 같은 가설을 설정한다.

가설 5(H5): 행동의도는 사용행동에 정(+)의 영향을 미칠 것이다.

설정된 가설에 대한 실증분석을 위해 UTAUT 모형에서 사용되는 변수는 다음과 같이 조작적 정의를 통해 측정하고자 한다. 설문에 의한 측정시 측정항목은 〈표 4〉와 같이 하며, 각 항목은 항공사 여객서비스에 있어서 정보기술의 대표적인 플랫폼인 웹사이트, 모바일/스마트폰, 키오스크로 구분하여 실시한다.

표4. 조작적 정의와 측정항목

변수	조작적 정의	측정항목	참고문헌
성과기대(PE)	항공사 ICT 서비스를 사용하여 작업성과를 얻는 데 도움 될 것으로 믿는 정도	• 항공사 ICT서비스를 이용하는 것은 유용하다(PE1). • 항공사ICT서비스는 더 빠르게 일을 처리할 수 있다(PE2) • 항공사 ICT서비스는 시간을 절약하게 해 준다(PE3). • 항공사 ICT서비스는 최소한의 노력으로 업무처리를 가능하게 해준다(PE4).	Al-Qeisi (2009), Marchewka, Liu & Kostiwa (2007)

변수	조작적 정의	측정항목	참고문헌
노력 기대 (EE)	항공사 ICT 서비스를 사용시 쉬움과 관련한 정도	• 상호작용이 이해하기 쉽고 명확하다 (EE1). • 나는 ICT 기기 이용에 익숙하다(EE2). • 이용을 위해 학습하기 쉽다(EE3). • 원하는 작업을 하기 쉽다(EE4).	Al-Qeisi (2009), Marchewka, Liu & Kostiwa (2007)
사회적 영향 (SI)	항공사 ICT 서비스를 사용하는 것을 중요한 타인이 믿는다고 인지하는 정도	• 나에게 중요한 사람들은(내 주변 사람들은) 내가 이 기기를 사용해야한다고(할 것이라고) 생각한다(SI1). • 내 행동에 영향을 미치는 사람들은 내가 이 기기를 사용해야한다고(할 것이라고) 생각한다(SI2) • 직원들이 시스템 사용에 협조적이다 (SI3). • 항공사가 적극적으로 이 기기의 사용을 장려한다(SI4).	Al-Qeisi, (2009); Marchewka, Liu & Kostiwa, (2007)
촉진 조건 (FC)	항공사의 조직과 기술적 인프라가 그 ICT 시스템 사용을 지원하기 위해 존재한다고 개인이 믿는 정도	• 이 서비스를 이용하기 위해 필요한 자원(스마트폰 등)을 가지고 있다 (FC1). • 이 서비스를 이용하기 위해 필요한 지식을 가지고 있다(FC2). • 서비스 이용에서의 문제 해결을 위해 다른 사람의 이용경험을 이용할 수 있다(FC3)	Marchewka, Liu & Kostiwa (2007)
행동 의도 (BI)	항공사 ICT 서비스를 현재 또는 미래에 사용할 의도나 계획	• 향후 항공여행시 사용할 의도가 있다 (BI1). • 향후 항공여행시 사용할 것으로 예상한다(BI2). • 향후 항공여행시 사용할 계획이다 (BI3).	Marchewka, Liu & Kostiwa (2007), Venkatesh *et al.* (2003)
이용 (UB)	항공사 ICT 서비스에 대한 현재 사용수준과 과거의 사용경험 수준	• 항공사 ICT 이용경험 정도(UB1) • 항공사 ICT 이용의 자발성 정도(UB2)	Venkatesh *et al.* (2003)

*항공사 ICT 서비스: 정보통신기술 기반으로 항공사에서 제공하는 서비스

4. 실증분석

4.1. 자료수집 및 표본 특성

본 연구의 실증분석을 위한 조사대상 표본은 2년 내에 항공여행 경험이 있는 서울 및 경기 수도권 지역의 20대-60대 사이 연령대를 대상으로 면접원을 통한 설문조사 형식으로 진행하였다. 조사기간은 2011년 2월 21부터 3월 5일까지 2주일간 실시하여 총 302부의 설문을 회수하였고, 응답이 불성실하다고 판단된 52부를 제외한 총 250부를 실증분석에 사용하였다. 응답자 가운데 남성은 150명(60%), 여성은 100명(40%)이었으며, 연령대는 20대 37명(15%), 30대 75명(30%), 40대 75명(30%), 50대 37명(15%), 60대 26명(10%)으로 집계되었다. 분석에 활용된 설문부수는 총 250매이나 설문문항 중 모바일 서비스, 웹 서비스 및 키오스크 서비스 각각에 대한 분석에서는 사용 "자발성"과 관련된 결손데이터를 제거할 경우 모바일 서비스는 250 표본, 웹 서비스는 186표본, 키오스크는 133표본이 사용되었다.

4.2. 측정항목 및 모형에 대한 평가

본 연구는 항공사 정보통신기술의 주요 기반인 모바일 서비스와 웹 서비스 및 키오스크 서비스가 고객에게 어떻게 수용되고 이용되는지에 대한 연구이다. 이를 위해 UTAUT모형을 적용하여 모형의 설명력과 정보통신기술 기반별 차이를 분석하였다. 본 연구에서 사용된 구성개념을 측정하기 위해 사용된 측정항목들의 신뢰성 검정은 크론바흐 알파(Cronbach's Alpha)값을 이용하여 실시하였고, 그 결과는 〈표 5〉와 같이 분석되었다. 분석결과 모바일, 웹, 키오스크 서비스 기반 모두에서 크론바흐 알파값이 각각 0.7 이상을 상회하여, 측정항목들의 신뢰도가 만족할만한 수준에서 측정되었다고 판단할 수 있다.

표5. 측정항목의 신뢰성 계수

구성 개념	측정항목	Cronbach's Alpha		
		모바일	웹	키오스크
성과 기대(PE)	PE1; PE2; PE3; PE4	.944	.969	.970
노력 기대(EE)	EE1; EE2; EE3; EE4	.917	.925	.933
사회적 영향(SI)	SI1; SI2; SI3; SI4	.904	.911	.951
촉진 조건(FC)	FC1; FC2; FC3	.844	.886	.765
행동 의도(BI)	BI1; BI2; BI3	.953	.966	.963

구성개념과 측정항목간의 적합정도는 Amos7.0을 활용하여 확인요인분석(CFA: Confirmatory Factor Analysis)을 통해 실시하였다. 항공사 모바일 서비스, 웹 서비스 및 키오스크 서비스에 대한 확인요인분석 결과는 〈표 6〉과 같다. 즉, 항공사 ICT 서비스의 제공기술 기반별로 분석한 결과 χ^2값이 각각 583.1, 520.5, 391.5로 나타나고 있고, 적합도 수준을 나타내는 지수(Q, NFI, IFI, CFI 등) 값에 대해서도 만족할 만한 수준을 나타내고 있어, 구성개념과 측정항목간의 적합성을 확인할 수 있었다. 또한 추정계수에 있어서 유의수준 p〈0.001 수준에서 대부분 유의한 영향을 보이고 있음을 알 수 있다.

표6. 변수의 확인적 요인분석 결과

구성개념		모바일 서비스				웹 서비스				키오스크 서비스			
		추정계수	S.E.	C.R.	P	추정계수	S.E.	C.R.	P	추정계수	S.E.	C.R.	P
성과 기대	PE1	1.000				1.000				1.000			
	PE2	1.013	.037	27.055	***	1.062	.040	26.846	***	1.004	.048	20.997	***
	PE3	.987	.040	24.537	***	1.053	.045	23.544	***	1.050	.051	20.524	***
	PE4	.879	.045	19.319	***	1.004	.045	22.081	***	.983	.054	18.082	***
노력 기대	EE1	1.000				1.000				1.000			
	EE2	1.092	.053	20.492	***	.969	.041	23.811	***	.976	.053	18.301	***
	EE3	1.112	.058	19.120	***	.937	.054	17.496	***	.976	.062	15.716	***
	EE4	.813	.055	14.745	***	.734	.055	13.346	***	.820	.057	14.313	***
사회적 영향	SI1	1.000				1.000				1.000			
	SI2	.923	.071	12.972	***	1.013	.080	12.744	***	.925	.064	14.490	***
	SI3	1.204	.079	15.328	***	1.119	.080	14.060	***	.966	.061	15.865	***
	SI4	1.185	.078	15.285	***	1.062	.078	13.563	***	1.006	.064	15.818	***

구성개념		모바일 서비스				웹 서비스				키오스크 서비스			
		추정계수	S.E.	C.R.	P	추정계수	S.E.	C.R.	P	추정계수	S.E.	C.R.	P
촉진조건	FC1	1.000				1.000							
	FC2	1.326	.088	15.048	***	1.117	.065	17.133	***	.984	.075	13.048	***
	FC3	1.380	.112	12.323	***	1.061	.081	13.114	***	1.000			
행동의도	BI1	1.000				1.000				1.000			
	BI2	.981	.037	26.833	***	1.036	.039	26.796	***	.980	.041	23.639	***
	BI3	1.014	.038	26.372	***	.998	.039	25.651	***	.985	.048	20.449	***
행동	UB1	1.000				1.000				1.000			
	UB2	.710	.038	18.506	***	1.424	.217	6.571	***	1.469	.132	11.164	***
–		χ^2 583.1 Q값 3.64 NFI .882 IFI .912 TLI .895 CFI .911 PNFI .743				χ^2 520.5 Q값 3.27 NFI .879 IFI .912 TLI .895 CFI .912 PNFI .735				χ^2 391.5 Q값 2.75 NFI .884 IFI .923 TLI .906 CFI .922 PNFI .734			

4.3. 연구가설의 검증

본 연구에서는 UTAUT모형을 활용하여, 항공사의 정보통신기술 기반 서비스 수용과 사용에 대해 영향을 주는 요인별 영향력에 대해 살펴보고, 이들 요소가 정보통신기술 기반 서비스별로 유의한 차이가 있는가를 종합적으로 분석하였다. 연구모형의 전반적 적합도 및 경로계수는 〈그림3〉과 같다.

항공사 ICT 서비스의 제공기술 기반별 UTAUT 모형에 대하여 실증분석을 통해 가설을 검정하였다. UTAUT 모형에서 고려된 성별, 연령별, 경험별, 자발성에 대한 조절효과는 웹 서비스를 제외하고는 유의적인 차이를 확인하기 어려웠다. 따라서 본 절에서는 성과기대, 노력기대, 사회적 영향 및 촉진기대가 행동의도 및 행동에 미치는 영향과 행동의도와 행동 간의 관계를 중심으로 제시된 가설에 대한 실증분석을 실시한다.

그림3. 연구모형에 대한 항공사 ICT 서비스 제공기반별 적합도

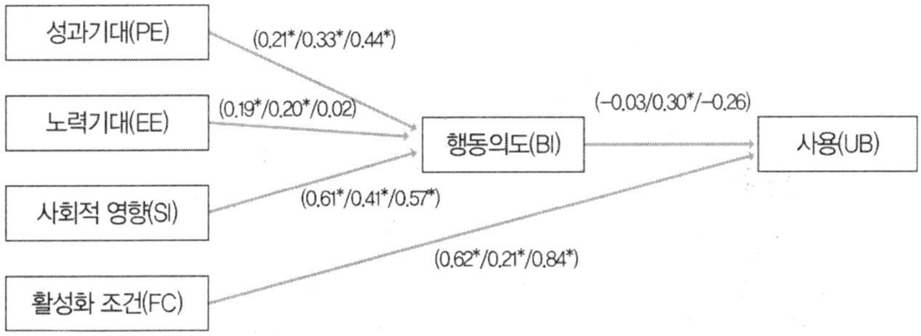

(/ /)안의 값은 각각 모바일 서비스, 웹서비스 및 키오스크 서비스에 대한 경로계수 값임.
모바일 : χ^2=482.9 (df=160, p=.000) 웹 : χ^2=431.7 (df=159, p=.000)
키오스크 : χ^2=324.7,(df=142, p=.000)
* 채택(p=.05 이하)

H1. 성과에 대한 기대는 정보통신 기반의 항공사 e-서비스 이용에 대한 행동의도에 정(+)의 영향을 미칠 것이다. (그 영향의 정도에서 성별과 연령에 따라 차이가 있을 것이다.)

모바일 서비스, 웹 서비스, 키오스크 모두에서 경로계수가 0.21, 0.33, 0.44로 나타나고 통계적으로 (유의수준 $p<0.05$) 유의한 것으로 분석되고 있으며, 관계의 방향도 가설에서 설정된 방향과 일치하여 H1은 채택되었다. 정보통신 기술 기반별 집단 간 경로계수의 차이는 대응표본 t 검정 (paired t-test)을 이용하여 유의수준 p=0.05로 분석하였다. 분석결과 (모바일-웹 서비스)의 t값은 -14.5, (웹 서비스-키오스크)의 t값은 -9.5, (모바일-키오스크)의 t값은 -25.2로 나타나, 서비스 제공기술 기반간의 유의적인 차이가 있음을 확인할 수 있고 키오스크 서비스에서 성과에 대한 기대가 행동의도에 가장 큰 영향을 미침을 알 수 있다.

H2. 노력에 대한 기대는 정보통신 기반의 항공사 e-서비스 이용에 대한 행동의도에 정(+)의 영향을 미칠 것이다. (특히, 성별과 연령, 경험에 따라 미치는 영향정도에서 차이가 있을 것이다.)

모바일 서비스와 웹 서비스에서는 경로계수가 0.188, 0.203으로 나타나고 통계적으로 (유의수준 p〈0.05) 유의한 것으로 분석되고 있으며, 관계의 방향도 가설에서 설정된 방향과 일치하고 있다. 그러나 키오스크의 경우는 유의수준 p〈0.05에서 경로계수 값(0.019)이 유의적이지 못하여 가설이 기각된다. 이는 키오스크 서비스가 은행의 자동인출기(ATM) 또는 지하철 승차권이나 영화관 관람권 인출기에서 익숙하게 사용되고 있으나, 항공서비스 관련하여서는 사용 안전성 문제와 풍부한 대안의 활용성으로 사용의도가 낮을 수 있어 혼재된 응답의 결과로 해석된다. 정보통신기술 기반별 집단 간 경로계수의 차이분석 결과 (모바일-웹 서비스)의 t값은 -1.8, (웹 서비스-키오스크)의 t값은 17.3, (모바일-키오스크)의 t값은 17.8로 나타나, 서비스 제공기술 기반간의 유의적인 차이가 있었다.

H3. 사회적 영향은 행동의도에 정(+)의 영향을 미칠 것이다. (성별과 연령, 경험, 자발성에 따라 미치는 영향정도에서 차이가 있을 것이다.)

모바일 서비스, 웹 서비스, 키오스크에서 경로계수가 0.61, 0.41, 0.57로 나타나고 통계적으로 (유의수준 p〈0.05) 유의한 것으로 분석되고 있다. 따라서 가설은 채택 되고, 정보통신기술 기반별 집단 간 경로계수에서도 유의적인 차이가 있음을 알 수 있다: (모바일-웹 서비스)의 t값은 17.7, (웹 서비스-키오스크)의 t값은 -11.4, (모바일-키오스크)의 t값은 3.3.

H4. 촉진조건은 사용행동에 정(+)의 영향을 미칠 것이다. (연령과 경험에 따라 미치는 영향정도에서 차이가 있을 것이다).

모바일 서비스, 웹 서비스, 키오스크에서 경로계수가 0.62, 0.21, 0.84로 나타나고 유의수준 p〈0.05 수준에서 유의한 정(+)적인 영향을 미치는 것으로 분석되어 가설은 채택된다. 정보통신기술 기반별 집단 간 경로계수의 차이분석 결과 (모바일-웹 서비스)의 t값은 -37.3, (웹 서비스-키오스크)의 t값은 52.2, (모바일-키오스크)의 t값은 20.4로 나타나, 촉진조건(활성화 조건:FC)이 사용행동(UB)에 미치는 영향에 서비스 제공기술 기반간의 유의적인 차이가 있음을 알 수 있다.

H5. 행동의도는 사용행동에 정(+)의 영향을 미칠 것이다.

모바일 서비스, 웹 서비스, 키오스크에서 경로계수가 -0.03, 0.30, -0.26으로 나타나고 있어, 유의수준 $p<0.05$ 수준에서 웹 서비스에 대해서는 가설 5가 채택되지만, 모바일 서비스와 키오스크에 대해서는 가설 5가 기각된다. 즉, 모바일 서비스의 경우 행동의도가 사용행동에 정(+)의 영향을 미칠 것이라는 가설이 기각된 것은 항공서비스 이외에서는 이미 사용이 일상화 되었으며, 항공서비스와 관련하여 향후 사용 의도는 있으나 사용경험도와 사용자발성이 낮은 것에 기인한 것으로 분석된다. 키오스크의 경우에도 은행의 자동인출기(ATM) 및 지하철 승차권 자동발매기 등의 키오스크 서비스가 광범위하게 이용되고 있으나, 항공서비스와 관련하여 대체 수단이 상대적으로 확실하고 편리한 측면을 갖고 있어 고객 입장에서 수용에 대한 실익을 인식하지 못하는 것으로 분석할 수 있다.

본 연구에서 UTAUT 모형을 이용하여 항공사의 정보기술을 이용한 여객 서비스에 대한 고객의 행동의도 및 사용행동에 대한 실증분석을 실시하였다. 모바일 및 웹 서비스의 경우에는 항공여객 서비스에 대해 대체적으로 가설이 채택되었으나, 키오스크의 경우에는 부분적으로 가설이 채택되었다. 이는 키오스크의 경우는 다른 산업에서는 일반화 되어 있으나, 항공여객 서비스와 관련해서는 사용자 및 사용 경험도가 낮아 UTAUT 모형의 적합 여부를 본 연구로서 판단하기는 어려운 것으로 볼 수 있다. 따라서 키오스크와 관련된 항공여객 서비스에 대해서는 보다 심도 있는 연구가 필요할 것으로 판단된다. 본 연구에서 제시한 UTAUT 가설에 대한 실증분석 결과는 〈표7〉에 정리하였다.

표7. 가설검증 결과의 요약

연구 가설	예상 관계	경로계수 값			검증결과(채택여부)		
		모바일	웹	키오스크	모바일	웹	키오스크
H1 (PE→BI)	+	0.21 (C.R.=2.83)	0.33 (C.R.=3.23)	0.44 (C.R.=4.13)	채택	채택	채택
H2 (EE→BI)	+	0.19 (C.R.=2.25)	0.20 (C.R.=2.26)	0.02 (C.R.=0.19)	채택	채택	기각
H3 (SI→BI)	+	0.61 (C.R.=5.35)	0.41 (C.R.=3.38)	0.57 (C.R.=4.54)	채택	채택	채택
H4 (FC→UB)	+	0.62 (C.R.=4.79)	0.21 (C.R.=2.73)	0.84 (C.R.=5.30)	채택	채택	채택
H5 (BI→UB)	+	-0.03 (C.R.=-0.33)	0.30 (C.R.=3.78)	-0.26 (C.R.=-2.32)	기각	채택	기각

본 연구에서 항공사의 e-서비스 에 대한 고객의 수용과 이용행동에 대해 UTAUT 모형을 적용하여 실증분석을 실시한 결과 다음과 같은 시사점을 도출할 수 있다. 첫째, 모바일, 웹 및 키오스크 서비스 모두에서 성과에 대한 기대는 행위의도에 유의한 관계가 있는 것으로 분석되었다. 즉, 정보통신기술 서비스를 활용함으로써 기대하는 성과가 나타난다면 장래에 이의 활용가능성이 높으며, 주변에도 사용을 추천가능성이 크다는 의미이다. 둘째, 모바일 및 웹 서비스에서 노력에 대한 기대는 행위의도와의 관계가 유의한 것으로 나타났다. 즉, 항공사 정보통신기술 서비스의 주요 플랫폼이 사용하기에 쉽고, 간단하게 사용법을 배울 수 있다면 이를 활용할 가능성을 기대할 수 있을 것이다. 그러나 키오스크 서비스의 경우는 유의하지 않은 것으로 나타나고 있어 사용도 제고를 위해서는 사용 용이성이나 편리성과는 다른 유인책이 필요한 것으로 판단된다. 셋째, 모바일, 웹 및 키오스크 서비스 모두에서 사회적 영향은 행위의도에 영향을 미치는 것으로 분석되었다. 항공사 정보통신기술 서비스 사용에 대한 주변 관계인들의 인식은 사용자들에게 긍정적인 영향을 줄 수 있다고 분석할 수 있다. 따라서 이 같은 시사점을 바탕으로 항공사에서는 e-서비스 제공을 위해 고객의 이용단말 플랫폼에 따라 차별적인 접근이 필요함을 알 수 있다.

5. 결론

본 연구는 정보통신 기술을 기반으로 항공사에서 제공하는 e-서비스에 대한 고객의 수용 및 이용행동에 대한 요인을 분석하고자 수행되었다. 특히, 정보통신 서비스 이용기반이 모바일기기, 웹서비스, 키오스크 등으로 다양해짐에 따라 그 수용과 이용행동의 차이점을 UTAUT 모형을 이용하여 실증분석을 실시하였다. 항공사의 정보통신기술을 기반으로 하는 e-서비스는 점진적으로 확대될 것으로 보인다. 따라서 이 같은 서비스의 수용과 이용을 촉진시키기 위해서는 정보통신기술 이용기반의 유형에 따라 이용자의 수용 및 이용행동에 영향을 미치는 요인을 파악하여 e-서비스의 설계와 도입계획이 수립되어야 한다.

UAUAT 모형을 이용한 실증분석 결과 성과기대, 노력기대, 사회적 영향이 항공사 e-서비스 행동의도에 중요한 역할을 하고 있음을 확인하였고, 이용 플랫폼별로 영향력의 정도가 차이가 있음을 확인하였다. 이같은 결과는 기존의 연구결과와 일치하고 있으나 키오스크의 경우에서는 노력기대가 행동의도에 영향을 미치지 않는 것으로 분석되고 있다. 이는 앞서 설명한 것과 같이 키오스크의 사용경험 부족으로 나타난 것으로 판단할 수 있다. 촉진조건은 모든 이용자 프랫폼에서 e-서비스 이용행동에 큰 영향을 미치는 것으로 분석되고 있으며, 특히 모바일기기 및 키오스크에서 그 중요도가 상대적으로 높게 나타나고 있음을 알 수 있다. 따라서 이 같은 분석결과 e-서비스 이용 플랫폼에 따라 이용행동에 미치는 영향이 다소 다르게 나타나고 있어 e-서비스 활성화를 위해서는 이용 플랫폼에 따른 차별화된 전략이 필요함을 알 수 있다.

본 연구에서 이용자 플랫폼에 대한 사용경험을 가진 충분한 표본자료를 수집하지 못해 분석에 한계를 가지고 있다. 즉, UTAUT에서 조절변수 역시 중요한 분석대상이지만, 이용경험을 가진 표본 자료의 제약으로 조절효과 분석을 실시하지 못하였다. 뿐만 아니라 항공사 e-서비스 수용 및 이용행동에 심리적 요인 등 개인적 속성과 e-서비스 이용환경의 변화 등도 중요한 요인으로 영향을 미칠 수 있다. 따라서 이 같은 요인의 추가와 보다 풍부한 자료 수집을 바탕으로 항공사 e-서비스 이용활성화에 기여할 수 있는 확장된 연구가 필요하고, 본 연구가 이 같은 확장된 연구에 유용하게 활용될 수 있을 것으로 기대한다.

참고문헌

김문주, 백정승, 윤문길(2008). 항공사 키오스크 사용 의도에 대한 TRAM 분석의 필요성 고찰. 항공진흥, 48, 61-74.

유호선, 김민용, 권오병(2008). 유비쿼터스 컴퓨팅 서비스 수용에 영향을 미치는 요인 연구. 한국전자거래학회지, 13(2), 117-147.

오종철(2010). 인터넷 서비스 수용의 영향요인: UTAUT 모형에 대한 재평가, 경영학연구, 39(1), 55-79.

윤문길, 윤덕영, 이휘영(2004). 항공사 유통경로에 대한 e-비지니스 파급효과, 한국경영과학회, 추계학술대회 논문집.

윤문길, 이휘영, 이원식, 윤덕영 (2008). 항공운송서비스경영, 한경사.

이동만, 림계화, 장성희 (2010). UTAUT이론을 기반으로 한 인터넷뱅킹의 이용에 영향을 미치는 요인: 한국과 중국의 비교 연구, 정보시스템연구, 19(4), 111-136.

이동선(2007). 항공사 정보기술서비스의 중요도 성과 연구, 관광경영학연구, 11(4), 77-100.

이태민, 김동원 (2011). 모바일 인터넷 서비스품질의 구성요인이 고객만족에 미치는 영향에 관한 연구 -관여도의 조절효과와 항공 서비스 전략적 시사점을 중심으로-, 한국항공경영학회지, 9(1), 51-70.

이휘영, 윤문길 (2009). 한국지역의 여행사 수익경영모델 연구: 항공사 발권수수료 축소.폐지 중심으로, 관광 · 레저연구, 21(4), 337-351.

최환석, 조주은, 함성필 (2009).셀프서비스 체크인 키오스크 사용의도: 기술수용모델을 중심으로, 관광 · 레저연구, 21(4), 295-315.

홍외성, 고명석, 윤문길 (2007). 항공사 셀프서비스 테크놀로지 경제성분석 모형연구, 산업과 경영, 14(1), 33-46.

홍외성, 손원목, 윤문길 (2009). 항공사 e-비즈니스 생산성을 위한 항공사 웹사이트 품질 평가모형에 관한 연구, 생산성논집, 23(3), 315-337.

Al-Qeisi K. I.(2009). Analyzing the Use of UTAUT Model in Explaining an Online Behaviour: Internet Banking Adoption, Brunel University.

Boyer, K., R. Hallowell & A.V. Roth(2002). E-services: Operating Strategy—A Case Study and a Method for Analyzing Operational Benefits, Journal of Operations Management, 20(2) 175-188.

Buhalis, D.(2004). eAirlines: strategic and tactical use of ICTs in the airline industry, Information & Management, 41, 805--825.

Chang, H.-L. & C.-H. Yang(2008). Do airline self-service check-in kiosks meet the needs of passengers? Tourism Management, 29, 980-993.

Curtis, L., C. Edwards, K.L. Fraser, S. Gudelsky, J. Holmquist, K. Thornton & K.D. Sweetser (2010). Adoption of social media for public relations by nonprofit organizations, Public Relations Review, 36(1), 90-92.

Davis, F.D.(1989). Perceived usefulness, perceived ease of use, and user acceptance of information technology, MIS Quarterly, 13(3), 319-340.

Eckhardt, A., S. Laumer & T. Weitzel (2009). Who influences whom? Analyzing workplace referents' social influence on IT adoption and non-adoption, Jounal of Information Technology, 24(1), 11-24.

Ghosh, S., H. Surjadjaja & J. Antony (2004). Optimisation of the Determinants of e-Service Operations, Business Process Management Journal, 10(6), 616-35.

Grönroos, C.(2000). Service Management and Marketing, Second Edition. West Sussex, England: John Wiley & Sons, Ltd.

IATA(2011). www.iata,org, Annual Report.

Jarach, D.(2002). The degitalization of market relationships in the airline business: the impact and prospects of e-business, Journal of Air Transport Management, 8, 115-120.

Javalgi, R.G., C.L. Martin & P.R. Todd(2004). The Export of E-Services in the Age of Technology Transformation: Challenges and Implications for International Service Providers, Journal of Services Marketing, 18(7), .560-573.

Koivimaki, T., A. Ristola & M. Kesti(2008). The perceptions towards mobile services: An empirical analysis of the role of use facilitators, Personal & Ubiquitous Computing, 12(1), 67-75

Lee, F.-H., W.-Y. Ru(2011). Moderating effects of techology acceptance perspectives on e-service quality formation: Evidence from airline websites in Taiwan, Expert Systems with Applications, 38, 7766-7773.

Lu, J.-L., H.-Y. Chou & P.-C. Ling(2009). Investigating passengers' intentions to use technology-based self check-in services, Transportation Research Part E, 45, 345-356.

Marchewka, J.T., C. Liu & K. Kostiwa(2007). An Application of the UTAUT Model for Understanding Student Perceptions Using Course Management Software, Communications of the IIMA. 7(2).

McIvor, R., D. O'Reilly & S. Ponsonby(2003). The Impact of Internet Technologies on the Airline Industry: Current Strategies and Future Developments, Strategy Change, 12, 31-47.

Oktal, H. & O. Oktal(2009). The use of information technologies & systems in airlines, The proceedings of European & Mediterranean Conference on Information Systems, Izmir, Turkey.

Rust, R. T. & K.N. Lemon(2001). E-Service and the Consumer, International Journal of Electronic Commerce, 5(3), 85-101.

Rust, R. & Kannan(2003). E-service: a New Paradigm for Business in the Electronic Environment, Communnications of the ACM, 46(6), 37-42.

Santos, J.(2003). E-service Quality-a Model of Virtual Service Dimensions, Managing Service Quality, 13(3), 233-247.

Scupola, A. & H.W. Nicolajsen(2009). The Role of Customer Involvement in Library E-services in Information Systems: People, Organizations, Institutions, and Technologies, D'Atri A. and Saccà, D. (Eds.), Springer.

Shon, Z.Y., F.Y. Chen & Y.H. Chang(2003) Airline e-Commerce: the Revolution in Ticketing Channels, Journal of Air Transport Management, 9(3), 285-295.

Taylor, S. & P. Todd(1995). Assessing IT usage: the role of prior experience, MIS Quarterly, 19(4), 561-570.

Venkatesh, V., & S.A. Brown(2001). A Longitudinal Investigation of Personal Computers in Homes: Adoption Determinants and Emerging Challenges, MIS Quarterly, 25(1), 71-102.

Venkatesh, V. & F.D. Davis(2000). A theoretical extension of the technology acceptance model: four longitudinal field studies, Management Science, 46(2), 186-204.

Venkatesh, V., M.G. Morris, G.B. Davis & F.D. Davis(2003). User acceptance of information technology: toward a unified view, MIS Quarterly, 27(3), 425-478.

Verhoeven, J.C., D. Heerwegh & K. DeWit(2010). Information and communication technologies in the life of university freshmen: An analysis of change, Computers & Education, 55(1), 53-66.

Yang, Z., S. Cai, Z. Zhou & N. Zhou(2005). Development and validation of an instrument to measure user perceived service quality of information presenting Web portals, Information & Management, 42(4), 575-589.

Yoon, M.G., D.Y. Yoon & T.W. Yang(2006). Impact of e-Business on Air Travel Markets: Distribution of Airline Tickets in Korea, Journal of Air Transport Management, 12, 253-260.

Zeithaml, V.A. A. Parasuraman & A. Malhotra(2002). Service Quality Delivery Through Web Sites: A Critical Review of Extant Knowledge, Journal of the Academy of Marketing Science, 30(4), 362-375.

Zhou, T., Y. Lu and B. Wang(2010). Integrating TTF and UTAUT to explain mobile banking user adoption, Computers in Human Behavior, 26, 760-767.

05

마케팅

항공사 마케팅 방향
- 고객만족 지향의 마케팅

* 대한항공은 1990년대 초부터 21세기 최우수 항공사를 지향하는 경영혁신 프로그램의 일환으로 논문공모 제도 실시하였으며, 본 논문은 제3회 CMI 우수논문집(1994년 5월, pp.15-39)에서 전재합니다.

금상

21세기 초일류 항공사를 지향한 당사 마케팅 방향

– 고객 만족 지향의 마케팅

김병헌(진주지점 지점장)

▪ 목차 ▪

1. 서론

1.1. 문제의 제기

최근 3년간 유례없는 구조적 불황속의 세계 항공업계는 범세계화(globalization), 규제완화(deregulation), 민영화의 거센 물결을 맞이하고 있다. 이와 같은 새로운 환경극복을 위해 항공사들은 내적으로는 조직개편을 통한 체질개선, 비용절감, 노선구조의 재구성 노력과 외적으로는 국제항공의 경쟁격화에 따른 마케팅제휴 등 전략적 자구노력에 진력을 다하고 있다. 이러한 국제적 여건 속에서 1988년 우리나라 항공운송산업의 구조가 복점체제로 전환된 이래 국내

항공사의 시장점유율은 여객수를 기준으로 1988년 53.5%(KE)에서 1991년의 경우 50.8%(KE:44.9%, OZ:5.9%)로 저하되었으며, 이러한 국내외적 추세를 반영하듯 기간 중 OZ가 경이적인 적자누적을 시현하고 있으며, 당사 또한 1989년 6.1%에서 1990년 -0.1%, 1991년 1.6%로 매출액 경상이익률이 급감하는 난국을 맞이하고 있다.

또한, ICAO의 예측(1993년 자료)에 의하면 세계 항공교통량은 여행거리(RPM)기준으로 80년대 10년간은 연평균 5.7% 성장하였으나, 향후 2000년까지는 연평균 5% 성장에 그칠 것으로 전망하고 있다. 이와 같이 수요의 증가폭이 둔화하고 있는 상황에서 국내외 항공사들은 치열한 경쟁 극복을 위한 수단으로 극단적인 가격전쟁에 의한 시장점유 확대전략을 추진하고 있어, 이로 인해 수입증대보다는 비용증가에 의한 적자기록으로 귀결되고 있는 실정이다.

따라서, 시장점유율 확대를 주 목표로 하는 근간의 마케팅 기조는 재검토가 필요하며, 진정한 국제경쟁력 내지 대외경쟁력 확보를 위한 방안은 무엇인가 하는 논제에 접하게 된다.

1.2. 연구 목적 및 방법

당사가 21세기 초일류기업으로 성장하기 위해서는 "변화와 혁신의 시대"로 특정지워지는 90년대의 내외적 환경을 극복할 수 있어야 한다.

21세기를 목전에 둔 현금의 상황은 기업을 둘러싼 패러다임(paradigm)이 새로운 지향성을 제시하고 있다[1]. 경제번영과 회사번영을 중시하는 사회이념은 환경중시와 인간중심사조로 바뀌고 있으며, 취업원리도 종신고용제, 연공서열 중심에서 일하는 보람을 중시하는 풍토와 연봉제 실시로 전이되고 있다. 또한, 기업사회 원리는 집단형 예속사회에서 공감참가형으로 구조적으로 변화하고 있으며 따라서, 기업가치관조차 성장과 효율 중심에서 공생과 사업가치 중심으로 전이되는 한편 경쟁원리도 매출액 경쟁에서 부가가치 창조 경쟁으로 전환되고 있다. 따라서, 당사가 21세기 초일류 항공사로 성장하기 위해서는 이러

1) 노무라 Search 93/5

한 기업환경의 변화에 부응하는 새로운 마케팅 전략이 모색되어야 할 것이다.

그러므로, 본고에서는 서비스 마케팅의 일환인 항공수송 마케팅의 특성을 분석하고 마케팅의 새로운 지향성인 고객만족에 대한 고찰을 통해 21세기를 겨냥한 당사 마케팅의 새로운 방향을 시도해 보고자 한다.

이러한 연구목적을 수행하기 위해 본고에서는 문헌조사를 통한 기술적 분석방법(descriptive analysis method)을 활용한다.

2. 항공사 마케팅의 특성

2.1. 마케팅의 개념과 지향성의 변천

"마케팅이란 무엇인가?"라고 할 때 대체적으로 마케팅이란 판매(selling 또는 sales), 촉진(promotion) 또는 공중관계(public relations)로 파악하고 있다. 판매나 촉진 등이 마케팅의 범위에 포함되지만, 이는 다양한 마케팅의 기능 중 한 부분에 불과하며 모든 경우에 있어 핵심적 기능이 되는 것도 아니다[2]. "마케팅이란 교환과정을 통하여 소비자의 기본적 욕구와 2차적 욕구를 충족시키려는 인간의 활동이다[3]." 라고 현대 마케팅을 체계화한 마케팅의 거장 P. Kotler는 갈파하고 있다. 또한 마케팅이란 생산자로부터 소비자 내지 사용자에 이르기까지 소비자 만족과 기업의 목적을 달성하기 위하여, 재화 및 서비스의 유통을 관리하는 기업 활동의 수행이라고 할 수 있다[4].

기업사회의 환경 변화에 따라 마케팅에 대한 많은 논의가 있어 왔지만 미국마케팅학회(AMA: American Marketing Association)가 1985년 내린 정의가 폭넓게 수용되고 있다. "마케팅은 개인 및 조직의 목적을 충족시켜주는 상호교환을 창조하기 위하여 이념이나 재화 및 용역의 창안, 가격결정, 촉진 및 유통을 계획하고 실행하는 과정이다."

마케팅을 교환과정과 연계하여 파악할 때 이는 마케팅이 판매자에 의해서

2) P. Kotler, Marketing Essentials, Englewood Cliffs, NJ: Prentice-Hall, Inc., 1984, p.2
3) Id., Principles of Marketing, Englewood Cliffs, NJ: Prentice-Hall, Inc., 1980, p.10
4) E. J. McCarthy, Basic Marketing: A Managerial Approach, Irwin, 4th ed., 1971, p.19

만 수행되는 것이 아니라 구매자 내지 소비자에 의해서도 수행된다. 소비자들도 그들이 지불할 수 있는 가격에 합당한 제품을 찾을 때 마케팅을 하고 있는 것이다. 교환과정에 종사하는 사람들은 그것을 더 잘할 수 있는 방법을 모색하게 되며 특히 판매자는 그들의 마케팅 관리를 전문화하는 방법을 습득하게 된다.

마케팅 관리란 조직의 목표를 달성할 목적으로 표적 고객과의 유익한 교환을 찾아서 성립시키고 유지하기 위한 프로그램을 분석, 계획, 실행, 통제 하는 것이다[5]. 마케팅 관리가 표적시장에서 요구되는 수준의 생산품 교환을 성취하기 위한 의식적인 노력이라고 파악한다면 이러한 마케팅 노력의 지향성은 무엇인가? 어느 기업이나 조직이 마케팅 활동을 수행한다면 몇 가지 상충적인 개념이 존재한다. 즉 생산개념(production concept), 제품개념(product concept), 판매개념(selling concept), 마케팅개념(marketing concept), 사회적 마케팅개념(social concept)이다.

이와 같은 개념은 금세기동안 주요한 사회, 경제, 정치적 변화에 따라 회사의 생존과 수익성 확보를 위해 각기 다른 시기에 각기 다른 도전이 필요했음을 보여주며 다음 표와 같이 요약 정리할 수 있다.

마케팅 지향성의 변천

구분	마케팅 지향성	시대 특성	경영 역점	마케팅
1900~1930	생산 지향적 시기	• 공급부족	양질의 제품을 적정한 가격으로 생산(생산과 유통효율 개선)	활동 불요
1930~1950	판매 지향적 시기	• 대량생산에 의한 재고 처분 문제	• 누적재고 처분 (판매부서 조직 확대 권한강화) • 제품에 초점을 두고 판매와 판매촉진의 수단	강매 고압적 판매 product-out

5) P. Kotler, op. cit., p.14

구분	마케팅 지향성	시대 특성	경영 역점	마케팅
			으로 판매량을 통한 이익 확보)	
1950~1970	마케팅 지향 시기	• 고객지향 • 이익우선 • 통합적 마케팅	소비자 욕구와 필요를 파악하여 효과적/효율적 방법으로 요구되는 만족충전	고객욕구를 통합적 마케팅 활동에 의거, 고객 만족을 통한 이익확보 market-in
1970부터	사회적 마케팅 시기(사회적 책임 및 인간 지향 시기)	• 환경파괴 • 자원부족 • 인구폭발 • 범세계적 인플레 • 공공서비스 경시	인구 환경의 장기적 복지 실현	마케팅의 사회적 책임(인간, 환경 중시 및 높은 수준의 생활의 질)

* 시기 구분은 사조의 태동과 발전 정도의 인식 방법에 따라 현격한 차이가 있을 수 있음

이상에서 마케팅 지향성의 변천과정을 고찰해 보았으나 유의할 점은 이와 같은 마케팅 관리철학의 변천과정과 현재의 상황은 국가나 개별 기업의 여건에 따라 다르게 나타날 수도 있다는 점이다. 또한 이러한 변천과정의 구분은 주로 학문적 관심사 또는 연구 경향의 강도에 영향을 입은 바가 크므로 반드시 현실을 정확하게 반영한 것으로는 단정하기 어렵다[6].

1970년대 중반 이후 사회적 책임과 인간지향의 마케팅이 전개되고 있다. 하지만 이는 사실상 마케팅의 학문적 관심사의 확장에 따른 구분으로 보는 것이 타당하다. 일부 선진국의 일류기업이 현재 마케팅 지향 내지 사회적 책임 및 인간지향에 기초하여 기업을 운영하는 것으로 볼 수 있으나, 우리나라를 포함한 대부분의 국가에서는 아직도 생산지향 내지 판매지향적인 마케팅을 수행하고 있다고 판단한다.

원래 회사란, 즉각적인 회사이익에 기초하여 마케팅 의사결정을 한다고 볼 수 있다.

그 다음에 소비자 욕구충족이라는 장기적인 중요성을 인식하기 시작하였으며 바로 여기에서 마케팅 개념이 도입되었다. 이제 회사들은 그들의 의사결정에 사회의 관심사를 포함시키고 있다.

6) 서성한. 최덕철. 이신모, 관광마케팅론, 법경사, 1993, p.34

사회적 마케팅 개념은 회사(이익)와 소비자(욕구충족) 및 사회(인간의 복지) 3가지 요소 모두에 균형을 맞출 것을 요구한다. 많은 회사들이 사회적 마케팅 개념을 채택 실행함으로써 실질적인 매출과 이익을 달성해 왔다[7].

2.2. 항공수송 상품의 특성

항공수송(Air transportation)이란 교통 시스템 중에서 수송수단으로서의 항공기, 공항 및 항공노선 3가지 기본적 요소로 구성된 교통 시스템을 말한다[8]. 특히, 국제(항공수송) 기업은 안전성, 고속성, 정시성, 쾌적성, 간이성, 경제성, 공공성, 자본절약성, 국제성 등이 여타의 교통 시스템과 큰 차이점을 보여주고 있다[9]. 항공수송사업의 독특한 성격은 항공수송 상품의 특성으로 구체화 된다고 할 수 있다.

1) 소멸성(Perishability)[10]

비저장성 또는 생산과 판매시점의 동일 등으로 표현되기도 하는 소멸성은 항공수송 경영에 큰 제약조건이 되고 있다. 항공수송 상품 즉 항공기 좌석(Seat, Space)의 가치는 해당 항공기가 출발함과 동시에 소멸되며 기타 상품과 같이 재고상품으로서 존재할 수가 없다.

이와 같은 교통 서비스재의 저장이 불가능한 성격 때문에 생산이 행해지는 장소에서 소비자에게 직접 제공된다. 따라서 서비스 생산과정에 소비자가 참여하고 있어 서비스 제공효과가 소비자 행동에 대해 의존적이다.

2) 계절성 및 공급 탄력성의 제한

항공 수송 상품의 공급 탄력성의 제한과 관련하여 계절에 따른 수요의 변화를 어떻게 극복 하느냐 하는 문제는 항공 수송 기업의 과제이다. 항공수송수

---

7) P. Kotler, op.cit., p.18

8) James T. Kneafsey, Transportation Economic Analysis, 1978, p.67

9) 졸고, 국제항공여객수송 고객의 행동분석에 관한 실증적 연구, 인하대학교 경영대학원, 1989, p.7

10) Nawal K. Taneja, Airline Management, Lexington Books, 1976, p.61

요가 단기간에 급격히 증가 하더라도 항공기, 국가 간의 협약조건 등의 문제로 공급을 단기간 내에 급격히 증가 시킬 수 없으며, 계절적인 수요 변동이나 급격한 수요 감소에도 이미 투입되고 있는 공급을 조정하기가 어렵다.

3) 인적 색채가 강하다

인적 색채가 강한 상품으로 상품에 대한 평가가 다양하다. 또한 승객의 입장에서 상품의 품질에 대한 판단의 시기가 이미 목적지 도착 후의 일이므로 불만족한 승객에게 일반상품과 같은 불량품에 대한 교환기능이 결여되어 있다.

4) 상품구성의 복합성

항공 수송 상품은 실질적으로 고객의 구매행위 대상이 되는 [수송]이라는 고정적 상품이외에 예약, 발권 및 기내서비스 등으로 구성되는 유동적 상품으로 구성되어 있다. 따라서 항공수송상품의 품질에 대한 평가는 수송 그 자체를 구성하고 있는 고정적 상품에 의해서라기보다 유동적 상품의 구성 요소에 의해서 이루어진다고 할 수 있다.

N.K.Taneja는 이러한 항공수송상품의 구체적 특성을 다음과 같이 요약하고 있다[11].

첫째, 가시적인 물질형태를 취하지 않으면서도 인간의 욕구나 산업체 각 분야의 필요사항을 충족시켜주는 용역이고, 둘째, 생산과정이 동시에 소비과정으로 연결되므로 상품을 보존할 필요가 없으며 오직 공간이라는 재고만이 존재하므로 유효 적절한 재고관리를 위해서는 항상 예약생산이 각별히 강조되며, 셋째, 항공 서비스 상품은 물적형태를 취하는 유형상품과는 다르므로 고객에게 시간적, 장소적으로 유효성을 증대시킴으로써 상품의 질을 높이게 되는 특징을 갖고 있다.

이와 같은 관점에서 볼 때, 항공수송 상품은 그것의 생산, 구매, 이용과 그 평가는 적시성을 가지며 고객과 기업의 높은 상호작용이 상품의 품질에 크게 영향을 미친다고 할 수 있다[12]. 이싱에서 고찰한 바와 같이 항공수송상품은

11) Ibid. pp.15-16

공간과 인적서비스의 결합체라고 할 수 있다.

2.3. 항공수송 마케팅의 성격

마케팅은 생산에 비해 그 중요성이 상대적으로 늦게 인식되었으며, 이는 근본적으로 경제적 수급체계의 불균형에 그 원인이 있다고 할 수 있다. 즉 수요가 공급을 초과하는 상황에서는 판매자가 시장의 주도권을 갖게 되는 이른바 판매자 주도시장(Seller's Market)의 성격을 가지고 있었기 때문이다. 이와 같이 그나마 늦게 인식된 마케팅에 있어서도 전통적 마케팅 연구자들은 제품 마케팅만을 위주로 하였으며 서비스 마케팅은 제품 마케팅에 준하여 그 원리나 기법이 그대로 적용되는 것으로 간주하여 왔다. 따라서, 서비스 마케팅의 초기 연구는 서비스의 특성과 서비스 제품과의 차이점 분석 등을 주로 규명하는 데서 출발하였으며, 그 후 전통적 마케팅이론을 서비스마케팅 전략수립에 확대 적용하는 과정을 거쳐 최근에는 서비스 마케팅이 독자적 영역을 구축할 수 있게 되었다.

항공수송사업이 서비스 산업의 일종이므로 항공수송 마케팅 또한 서비스 마케팅의 한 분야로 파악된다. 서비스마케팅은 제품마케팅과는 달리 고유한 특성을 갖게 되는데 이들 특성 중 일부는 모든 서비스 조직들이 공통적으로 갖고 있는 일반적 차이(General Differences)들이며 나머지는 서비스 조직이 관리되고 규제되는 방식에 따라 나타나는 정황적 차이(Contextual Differences)들이다[13].

---

12) 정찬종, 여행업의 신상품개발에 관한 연구, 교통신문, 1986.6.26. p.7

13) C. H. Lovelock, Services Marketing, Englewood Cliffs, N.J., Prentice-Hall, Inc., 1984, p.488

1) 서비스 마케팅과 제품 마케팅과의 차이[14)]

(가) 일반적 차이

구 분	서비스 마케팅	제품 마케팅
서비스의 무형성	직접경험에 의해서만 평가 가능	사전 평가 작업
생산방식	• 생산과 소비의 동시성 • 대량생산 불가능 • 서비스 표준화 곤란 • 서비스 생산과정의 고객참여	가공·조립 후 판매지점 소비 지점까지 물적이동
소멸성	저장불가	저장가능
유통경로	단축된, 제한적 유동경로	생산과 분배기능 분리(중간상 경유의 유통경로)
비용결정	비용측정곤란	• 고정비와 변동비의 구분 명확 • 표준원가 계산 가능
제공자와의 관련성	서비스 제공자(생산자)인 동시에 마케터임	

(나) 정황적 차이

① 마케팅에 대한 협의의 정의 및 실천

② 마케팅 기술에 대한 이해부족

③ 상이한 조직구조

④ 경쟁자에 대한 자료 부족

⑤ 광범위한 정부규제

이와 같이 서비스의 특성에 따라 서비스 마케팅은 독특성을 가지며 일반적 차이점은 모든 서비스조직에 공통적인 영향을 미친다. 반면에 정황적 차이점은 서비스 조직에 고유한 것이기는 하나 경영, 법률 및 규제에 있어서 상황 변화가 생기면 변경되거나 소멸될 수 있는 성질을 갖고 있다.

---

14) Ibid., p.488(논자 내용 요약 정리)

2) 항공수송 서비스 시장

항공수송 서비스의 시장 구분은 거리에 따른 분류(장거리시장, 중거리시장, 단거리시장), 여행목적에 따른 분류(상용시장, 관광시장, 연고시장), 계절성에 따른 분류(성수기, 비수기), 운항 스케쥴에 따른 분류(정기, 부정기) 등으로 세분된다. 항공사는 어떤 사업을 영위하는가 하는 질문에 대해 전통적 개념은 항공사업(Airline Business)을 수행한다고 할 것이다. 그러나, 소위 "마케팅 마이오피아(Marketing Myopia)"에 빠진다면 결국 그 항공사는 제반 여건과 환경의 변화에 따라 도태되고 말지도 모른다.

전통적 시장에 참여하는 항공사는 다음 3분야의 사업을 영위한다고 할 것이다[15].

(가) 상용 커뮤니케이션 사업(The Business Communication Business)

많은 항공사들이 상용 고객 확보를 위해 마케팅 전략의 주요 부문을 투입하는 것을 보듯이 대부분의 항공여행이 상용여행이라 할 수 있다. 그러나, 음성화면 전화의 출현 등 통신 수단의 획기적 발달에 따라 장단구간 항공여행이 타격을 입을 수도 있으며 시내의 접근성 문제와 고속철도 등 타교통 수단이 지닌 장점이 기술력에 의해 지속 확대됨을 유의해야 할 것이다. 따라서 상용항공고객 확보 문제는 광의적으로 상용커뮤니케이션 산업의 한분야로 해석해야 할 것이다.

(나) 여가 사업(The Leisure Business)

레저 목저의 항공여객을 확보 하는 문제도 항공사의 주요한 전략이다. 그러나, 이는 고객의 가처분 소득의 추이에 크게 영향을 입으며, 우선적으로 다른 용품 구매에 경비를 지출하는 대신 휴가여행을 하도록 해야 하며, 또한 여행시 타교통수단 대신 항공을 이용하도록 해야 하며, 더구나 자신의 항공사를 선택하도록 해야 한다는 것이다. 이런 점에서 볼 때 레저여행 승객확보는 종합적 여가산업(Total Leisure Business)의 한 부분이다.

---

15) Stephen Show, Airline Marketing and Management, Pitman Publishing, London, 3rd. ed., 1990. pp.5-7

(다) 분배 유통 산업(The Distribution Business)

항공 화물수송은 육·해상 수송 수단의 발달에 크게 영향을 받으며 따라서 항공화물은 광의의 유통산업의 한 분야로 해석해야 한다.

항공수송은 전통적으로 그 사업의 공익성 때문에 마케팅 활동 자체가 정부의 규제를 받아 왔으며, 또한 항공수송 상품의 특성에 따라 마케팅 개념 및 기능이 여타 분야에 비해 크게 낙후 되어 왔다. 그러나, 1978년 미국 CAB의 규제 완화 조치 이후 마케팅 환경이 크게 바뀌게 되었다. 이제까지 정부의 보호적 통제하에서 안정적 시장을 확보하여 제한적 마케팅을 영위하던 항공사들은 자유경쟁 조건하에서의 새로운 마케팅전략을 모색하게 되었다. 특히, 운임(fare) 및 요율(rate)의 자유로운 책정권 부여는 극심한 가격경쟁을 초래하였고, 때마침 엄습한 유가 폭등과 함께 항공사를 심각한 경영난에 봉착하게 하였다. 이는 세계 항공시장을 주도하는 미국 이외의 국가 및 각국 항공사에도 심대한 영향을 미치게 되었다. 이와 같은 시대적 상황은 항공사로 하여금 가격경쟁 이외의 타 마케팅요소에 관심을 갖도록 유도 하였다.

3. 21세기를 향한 당사 마케팅 방향

지금까지 마케팅 지향성의 개념과 변천을 살펴보았으며, 항공수송 상품의 특성을 분석하고 서비스마케팅의 성격을 고찰함으로써 항공수송 마케팅의 대강을 요약해 보았다. 그러면 이제부터는 현재까지 논술한 마케팅 지향성의 변화와 항공 수송 마케팅의 성격 분석을 토대로 하여 당사 마케팅에 있어서 무엇이 문제이며, 무엇을 추구해야 할 것인지, 나아가 무엇을 어떻게 해야 할 것인가에 대해 논술한다.

3.1. 마케팅 - 무엇이 문제인가?

1) 마케팅에 대한 인식 부족 문제

이제까지에서 살펴 본 바와 같이 마케팅은 특정 경영상의 한 기능이 아니라 기업경영 그 자체의 한 방법이다. 마케팅은 새로운 광고 캠페인이나 단기적인 판매촉진행위가 아니다. 마케팅은 회사조직의 하위구조로부터 최상위구조에 이르기까지 모든 부문, 모든 사람들의 업무에 깊이 밀착되어 있어야 한다. 마케팅은 단순한 시장침투나 판매 또는 단발적 행사가 아니며, 더구나 고객을 속이는 것도 기업의 이미지를 위장하는 것도 아니다. 마케팅은 고객을 제품 개발 단계에서부터 참여시켜 고객과 제품사이의 관계를 형성하고자 하는 체계적 상호작용 과정을 설계 집행하는 것이다[16].

그러나, 우리의 경우에 있어서 마케팅 컨셉트(marketing concept) 및 통합적 마케팅(integrated marketing)에 대한 이해부족으로 마케팅은 영업본부내 마케팅부서만의 업무로 치부하고, 그 기능 또한 극히 협의적인 판매촉진 정도의 의미로만 인식하고 있지나 않은가? 또한, 부문간, 부서간, 기능별 극단적인 조직 이기주의로 말미암아 정보의 단절 왜곡은 없는가?

2) 업무 추진 방식상의 문제

노무라 서치(search) 93년 5월호에 의하면 기업들의 현재 업무추진 방식을 다음과 같이 분석하고 있다.

영업	정보수집 25%	자료작성 25%	고객·대리점 커뮤니케이션 25%	고객요구의 피드백 (자료작성) 25%		↔	전표 장부 협의에 의한 연락 입력 보존 점검 중복
기획	정보수집 30%	협의 30%	분석 10%	기획 10%	프레젠테이션 20%	↔	
재무(경리)	전표·정보 수집정리 30%	정보입력 20%	입력점검 25%	처리 10%	보고서 작성 15%	↔	
시스템	유저와의 협의 30%	분석 조사 10%	위탁협의 15%	개발 25%	문제처리 20%	↔	

상기 도표는 각 부문별 중복·반복적 기능을 각각 별도로 수행하고 있음을 보여 주며, 이로 말미암아 각 부문별 고유의 가장 중요한 기능을 수행하는 데에 오히려 적은 량의 시간과 노력이 투입되고 있음을 말해 준다.

---

16) R. McKenna, Marketing Is Everything, HBR(Harvard Business Review), JAN-FEB 1991.

당사의 경우에 있어서도 횡적 조직 속에서 폐쇄적 업무를 수행함으로써 부서별 부분 최적은 이루어져 있어도 전사적으로 오히려 효율이 떨어지고 있지는 않은지? 개별 부문간의 불충분한 커뮤니케이션으로 정보공유가 이루어지지 않으며, 단순한 입력 · 점검 · 복사 · 파일링 등 부문별로 중복되고 있지는 않은지?

따라서 단순한 자료생산을 위하여 각 부문별 본원적 활동에 노력과 시간 투입이 제한되고 있는 것은 아닌가?

3) 고객에 대한 인식 문제

고객이란 기업의 상품을 구매해 그 가치를 이용하는 소비자로 인식해 왔으며, 따라서 최종 고객만을 대상으로 마케팅활동을 집중하여 왔다. 그러나 현대 마케팅에 있어서 본원적 의미의 고객 이외에 내부고객(회사직원)의 중요성을 인식하게 되었다. 고객의 확대개념으로 세부류로 세분할 수 있다[17].

분류	사내고객	중간고객	최종고객
기능	가치생산	가치전달	가치구매
성격*	직원	대리점, 판매점, 원료공급원, 협력회사	고객(소비자)

* 논자 첨가

상기 표에서 보는 바와 같이 고객만족 즉, 최종고객의 만족을 달성하기 위해서는 그 전단계인 중간고객이 만족해야 할 것이다. 또한 가치를 생산하는 초기 단계의 고객(내부고객: 회사직원)의 만족이 선행되어야 하며 더욱이, 서비스의 무형성, 생산과 소비의 동시성, 저장불가한 소멸성 등을 상품 특성으로 하는 당사의 경우 가치 생산 고객인 사내직원의 중요성이 더욱 강조된다.

서비스 기업의 첫 번째 시장은 종업원이라는 관점에서 고객에게 서비스를 알리고 설득하기 전에 먼저 종업원들에게 그들의 서비스가 제공하는 편익을 알리고 설득하고 교육시켜 내부고객인 종업원의 욕구를 먼저 충족시키려는

17) 김영한, 고객만족혁명, 성림, 1993. p.34

활동을 내부 마케팅이라 한다[18].

당사의 경우, 현대 마케팅 사조인 고객지향적인 사고, 고객만족(CS: Customer Satisfaction)을 위한 마케팅에 큰 비중을 두고 있는가?

고객은 무엇으로 만족하며, 고객만족은 왜 현대 경영의 중심사상으로 되고 있는가?

고객에 대한 세분 시장별 분류는 적절하며, 이에 대한 시장조사 및 고객의 소구점에 대한 분석은 조직적 · 계획적으로 이루어져 마케팅활동에 피드백(feed-back)되고 있는가?

중간고객인 대리점에 대한 중요성은 깊이 인식하고 있으며, 이에 대한 관리 · 협조는 만족할만한가?

중간고객에 대한 정보, 자료제공은 체계화 · 표준화되어 있으며, 중간고객이 당사 제품을 팔도록 하는 인센티브(incentive)는 적절하며 효과적인가? 최초가치 생산 고객인 사내고객은 고객만족을 나로부터 라는 "스스로 운동" 정신은 고양되고 있는가?

SAS의 얀칼슨(Jan Carlzon)사장은 5000만회 15초 동안의 "진실의 순간"(Moment of Truth)이 결국 SAS의 성공을 좌우한다고 하며, 고객과의 접점에 있는 직원에게 고객을 기대이상으로 만족시키라고 독려하며 큰 성과를 거둔 바 있다.

우리의 경우, 그 서비스를 담당하고 있는 최일선 직원이 적재적소에서 자부와 자긍심을 가지고 대고객서비스에 최선을 다해 임하고 있는가? 대고객 서비스상의 제반 장애요인은 무엇이며, 이의 근본적 해결책은 무엇인가? 적절하고 효과적인 동기유발책은 어떤 것인가?

---

18) W. R. George, The Retailing of Service-A Challenging Future, Journal of Retailing, Fall, 1977, p.91

4) 제품 생산–소비 과정상의 문제

기업이 통제 불가능한 환경 변화에 적절히 적응하면서 자신들이 이용가능한, 즉 통제가능한 자원을 적절히 배합하여 어떻게 목표시장을 만족시키느냐 하는 점에 기업의 성패가 달려있다. 이와 같이 기업이 목표시장을 만족시키기 위해 결합하게 되는 통제 가능한 요소들의 결합을 마케팅믹스(marketing mix)라 한다[19].

전통적 마케팅믹스는 4p(Product, Price, Promotion, Place)로 구성되나, 현대 서비스업의 마케팅믹스로는 새로운 3P(Participants, Process of service assembly, Physical evidences) 즉, 참가자, 고객과 접객요원의 상호관계하의 서비스 거래과정, 서비스 거래의 실물적 환경 등을 포함하여 7P로 구성된다[20]. 따라서 기존의 4P에 대한 외부지향 마케팅과 새로운 3P에 의한 내부지향 마케팅 및 양자를 접목하는 상호작용 마케팅이 중요한 과제로 등장한다.

여기에서 우리는 우리의 제품을 생산-소비 하는 과정에서 총무, 재무, 영업, 운항(객실), 정비 등 제부문간 소위 통합적 마케팅(integrated marketing)개념의 중요성과 기능을 충분히 인식하고 있는지 반문해 보지 않을 수 없다. 또한 협의적 영업활동 개념내의 시장조사분석, 판매정책수립, 판매활동 및 관리, 예약 · 발권 서비스, 공항서비스, 기내서비스 등 각각의 기능별 고객지향의 마케팅 개념이 인식 · 실천하는 수준은 적절한가?

5) 최일선 현장조직의 표준화 문제

글로벌 마케팅(global marketing)을 지향하는 우리의 영업 현장 조직은 국가별, 지역별로 적절한가?

(인원, 조직) 내부적으로 기능별 인력은 실정, 능력에 맞게 보임되었으며 전력의 부족 또는 전력의 낭비요인은 없는가? 현장조직은 규모에 따라 표준화, 규격화되어 있으며 상황의 발전과 환경의 변화에 융통성 있는 운용이 될 수

19) E. J. McCarthy and W. D. Perreault, Basic Marketing, 9th ed., Homewood, Ill. : Richard D. Irwin, Inc., 1985, p.50

20) B. H. Booms, M. J. Bitner, Marketing of Service, 1985, p.50

있는가?

(정보 · 관리) 시장정보는 지속적, 의도적, 체계적으로 획득하여 적절히 활용하고 있으며 또한 관련기능에 제공되고 있는가? 대본사간의 커뮤니케이션은 원활하며 대본사 제부문간의 정보교류상 반복 · 중복에 의한 인력 · 시간의 낭비는 없는가? 각종 지침정보가 체계화 · 표준화 · 규격화 · 단순화 되어 있는가?

(업무관리) 각 현장에서 습득 · 숙지한 경험들은 효과적으로 축적되고 있으며 체계적으로 관리되어 전임자에 의해 구축된 토대 위에서 업무가 지속적으로 발전되고 있는가? 실질적인 영업활동에 투입되는 인력 · 시간 · 자원의 확대를 위한 방안은 무엇인가?

3.2. 마케팅-무엇을 해야 하는가?

1) 질 위주 마케팅

지금까지 양적성장위주의 전략을 선택해 온 기업이 대부분이었다. 우리의 경우도 내실 없는 Load Factor 제고나 질적인 분석이 미약한 판매목표 달성에 마케팅의 큰 비중을 두어 온 것 또한 현실이다. 이와 같이 시장점유율 제고 또는 매출액 증대 우선정책은 특별한 관리가 필요하다. 타사에서 우리가 지닌 시장에서의 우월적 위치를 따라잡기 위해 속임수, 책략, 주저 없는 판촉수단 및 파격적인 가격전략 등 시장점유율 확대를 통한 전략의 장기적 구사가 어떤 결과를 초래하고 있는지 우리가 잘 알고 있다.

다양한 선택의 대안을 보유한 고객의 브랜드 로열티(brand royalty)는 희박해지고, 이의 극복을 위해 기업은 더 많은 판매 인력 내지 마케팅 인력, 자원의 투입에 몰두하게 된다. 그러나 진정한 해결책은 더 많은(more) 것을 추구하는 양적마케팅이 아니라 더 나은(better)것을 추구하는 질적 마케팅이다.

2) 업무추진 방식의 전환

전절에서 기술한 노무라 서치(Search) 93년 5월호에 의하면 기업들의 미래, 이상적 업무추진방식을 다음과 같이 분석하고 있다.

<table>
<tr><td>영업</td><td rowspan="4">전표입력
정보입력
점검</td><td rowspan="4">정보수집
정리</td><td rowspan="4">문서관리
작성지원</td><td colspan="2">고객 · 대리점과의 커뮤니케이션</td></tr>
<tr><td>기획</td><td>분석 · 기획</td><td>프리젠테이션</td></tr>
<tr><td>총무
(경리)</td><td>분석 · 기획</td><td>보고서 작성</td></tr>
<tr><td>시스템</td><td colspan="2">기획. 개발. 운용</td></tr>
</table>

: : : :

파 트 너	• 업무 대행 • 정보 서비스 • 아웃소싱(out sourcing)

여기에서의 포인트는 조직과 업무추진 방식을 재구축하여 본래의 업무부분을 대폭적으로 강화하는 데 있다. 이와 같이 업무체계를 구축한다면 업무 내지 부서내부와 업무간, 부서간, 파트너 기업간의 모든 업무추진방식이 개선되며 기업 활동 전체의 효율화, 최적화의 달성이 가능하게 된다. 단절된 업무간의 정보경로를 만들고, 동시에 종합적인 기획 · 운용 · 관리를 강화하며, 자기 부서에서 가장 본질적으로 중요한 업무가 무엇인지 분석 · 추출 · 강화한다. 단순 · 중복 · 반복적 기능은 외부와의 적극적 제휴나 위탁으로 업무구조 내지 업무추진방식의 전면적 전환을 기할 수 있게 될 것이다. 우리의 경우도 본사 제 기능간 중복 · 반복 부문과 기능의 조직 구조 및 업무추진 방식의 일대 혁신이 필요하다.

3) 고객만족 마케팅

마케팅 지향성은 1970년대의 마케팅 지향시기를 거쳐 사회적 마케팅 시대로 마케팅 중점이 변화되고 있음은 전술한 바와 같다. 여기에서 항공사 성공요인의 발전과정을 우선 살펴보기로 한다.

항공사 성공요인의 발전과정21)

1980년 이전	1980년대	1990년대
• 규제시대 • 보호 육성 시대	• 규제완화시대 • 경쟁시대	• 정보기술시대 • 고객지향시대
〈항공사 특성〉 • 운항정비부서의 중요성 • 국가의 보호/소유 • 사원혜택 제도 확립 • 기능별 조직	• 조직구조의 변화 • 기업이미지 강조 • 비용절감	• 시장/소비자 위주의 경영 • 범세계화기업 또는 니치기업 • 인적자원 활용의 효율화 • 업종 전문화 확대
〈성공요인〉 • 운항 효율성 • 대정부 로비	• CRS • Yield Management • 복수 헙(hub) 공항 구축	• 대고객 서비스 • 시장세분화 • 제휴 • 조직력 활성화

규제와 보호육성에 안존하던 항공업계는 미국의 1978년 규제완화조치를 시발로 하여 극심한 경쟁상황에 돌입하게 되었다.

따라서 항공사들은 전사적인 품질개선에 주력하면서 품질로 승부한다는 강한 의지가 확산되었다. 그러나 1980년 후반부터 차츰 항공사를 포함한 기업 전반적으로 더 이상 "품질의 향상"만으로 고객을 확보할 수 없는 상황에 봉착하게 되었다. 이제는 품질의 차이가 그렇게 현격하지 않으며, 시장 또한 그 성숙의 한계가 포화상태에 이르러 비슷한 기술과 제품수준으로는 경쟁기업을 제어하고 생존하는 길은 결국 소비자의 선택에 달려 있다고 인식하게 되었다.

그렇다면 고객만족에 영향을 미치는 요인은 무엇인가? "Aviation Week & Space Technology" 93년 2월 1일자 자료에 의하면 장거리 노선의 경우는 기내 안락성(21%), 비행전단계 담당 직원(18%), 항공기 좌석 공급력(17%), 출입구 특성(16%), 기내승무원(16%), 정시성(14%) 등의 순서로 영향력 비중이 감소하고 있으며, 단거리노선의 경우는 지상에서의 편안함(36%), 직원의 도움(32%), 정시성(21%), 여객에 대한 서비스(11%) 등의 순서로 영향력 비중이 감소하고 있다고 조사·분석된 바 있다. 그러나, 이는 조사기간, 조사장소, 조사대상 선정

21) 이경섭, 정보기술을 이용한 항공사의 경영혁신, 항공교통14호, 교통산업연구원, p.76

등 요인에 의해 많은 편차를 나타냄을 부인할 수 없다.

또한, 우리의 주요관심사의 하나인 고객의 항공사 선택요인은 무엇이며, 어떤 비중을 보이는가? 이에 대해 1989년도 국내의 실증조사에 의하면 정시운항, 스케줄, 기내 서비스의 질, 항공편수, 상용고객우대제, 항공운임, 기종 등의 순으로 분석된 바 있다[22]. 미국의 최근자료인 Air Transport World 93년 1월호에 의하면 미국 국제여객의 항공사선택 결정요인으로 미국 거주자인 경우 편리한 스케줄(42.3%), 선택대안부재(27.6%), 저운임(26.7%), 상용고객우대제(19.6%), 항공사에 대한 애착(18.3%), 안전에 대한 명성(17.9%), 운항승무원 및 서비스(15.7%), 기내안락성(12.2%), 발착정시성(12.2%), 공항설비(7.2%), 항공기유형(6.2%) 등 응답률(복수응답가능)의 분포를 나타내고 있다.

여기에서 중요한 것은 고객만족에 영향을 주는 요인과 항공사 선택요인 뿐만 아니라 항공사 선택을 누가하며(본인, 대리점, 친구, 회사동료 등), 고객의 최종행동에 영향을 주는 요인에 대한 분석 · 연구도 병행되어야 한다는 점이다. 고객만족마케팅을 실천하기 위해서는 첫째, 고객욕구에 대한 본질적인 이해가 필요하다. 고객이 본질적으로 추구하는 기본적 욕구가 무엇인가? 우리가 고객의 어떤 욕구를 만족시킬 것인가 하는 문제를 먼저 결정하는 것을 말한다. 둘째, 목표고객(target customer)을 선택해야한다. 고객은 구매동기, 구매관습, 구매행동 등이 다양하므로 어떤 유형의 고객을 대상으로 어느 수준의 기업 활동을 할 것인가를 선택해야한다. 셋째, 목표고객에 따른 제품(항공상품, 항공서비스)차별화가 필요하다. 고객의 다양한 욕구와 속성에 맞춘 마케팅 활동이야말로 효과적인 대응책이 될 수 있다. 따라서 시장점유율 경쟁이 아닌 고객만족 경쟁 즉 항상 고객위주로 생각하는 발상의 전환이 필요한 때이다.

4) 내부 마케팅 및 관계 마케팅

내부마케팅(internal marketing)은 고객들에게 서비스를 제공함에 있어 최선의 인원을 고용 · 유지하여 그들로 하여금 보다 양질의 서비스를 제공 할 수 있도록 마케팅 철학과 실천을 기업경영에 적용시키는 활동을 말한다[23]. 따라

22) 졸고, op. cit., pp.59-63

서 내부마케팅은 마케팅 수행상 직원(종업원)을 고객으로 생각하고, 그들의 직무를 제품으로 파악하게 된다. 나아가 조직목적의 실현과 동시에 그 내부고객(internal customers)의 욕구와 필요를 충족시키는 내부제품을 제공하고자 노력하게 된다. 직원을 잘 관리해야 하는 이유는 그들이 이미지개발에 주요요소이고, 중요한 서비스차별화를 만드는 자이며, 서비스 무형성 때문에 생기는 고객의 불확실성을 가장 효율적으로 줄일 수 있는 요소이기 때문이다.

내부마케팅의 실천방안[24]으로는 직원 간에 고객의식, 판매의식을 불러일으킬 내부 환경을 만드는 것이다. 이를 위해서는 경영층의 고객지향적 사고가 필요하며, 직원이 비용에만 관련된 생산요소가 아닌 수익을 창출하는 요소임을 인사정책에서 반영해야하며, 내부적인 지속적인 직원훈련, 새로운 서비스와 미래 활동에 대한 계획과정에서의 적극적인 참여 등이 필요하다.

관계마케팅(relationship marketing)은 기존고객을 유지 · 보호하기 위한 것이다. 즉, 고객을 기업의 자산으로 파악하여 고객과의 관계를 잘 형성 · 유지 · 고양하는 제반 기업 활동의 수행이다[25]. 진정한 관계마케팅의 실현은 고객과의 양호한 관계유지는 물론 충성도를 구축할 수 있는 것이어야 한다. 당사의 경우 FTBS 제도가 하나의 좋은 표본이다. 동제도는 고객관리와 안정시장을 확보할 수 있으며 기업이미지를 제고하고 비가격 경쟁의 한 수단으로서 유용한 판매촉진 수단이 되고 있다. 현재 확보하고 있는 고객의 충성도 제고를 위해서는 다음 수단의 실시가 필요하다[26].

첫째, 핵심 서비스의 수준을 개선해야 한다. 당사의 경우 신속 · 정확한 운항의 유지가 선행되어야 함을 말한다.

둘째, 고객과의 관계를 개인화하도록 해야 한다.

셋째, 고객의 관점에서 서비스가 가치를 갖도록 다양화하고 확충해야 한다.

---

23) L. L. Berry, Services Marketing is Different, Business, May-June, 1980, p.26
24) C. Gronroos, Internal Marketing, AMA, 1981, pp.236-238
25) 임종원, 현대마케팅론, 무역경영사, 1987, pp.130-154
26) L. L. Berry, op. cit., p.25

예컨대, FTBS회원에 대한 부대서비스 혜택 · 보상 등이다.

넷째, 관계가격 설정(Relationship Pricing)을 이용한다. 사용고객에 대한 특별가격 부여 등이다.

다섯째, 내부마케팅을 실시한다. 이로 인해 직원의 동기부여 제고로 매우 바람직한 대 고객관계가 형성 · 유지된다.

5) 중간고객 마케팅 강화

가치전달자의 기능을 수행하는 대리점의 중요성은 당사의 간접판매비율이 75% 이상을 점유하고, 고객의 접근성이 특히 용이하며, 고객들이 여행정보의 대부분을 대리점에 의존하고 있을 뿐만 아니라, 또한 직판망의 확대 한계와 직접비용의 증가 억제를 위한 가장 효율적인 방안이라는 측면에서 더욱 강조되어야 한다. 이를 위해서 몇 가지 사항을 강조하고자 한다.

(가) 대리점 임명시 각종 선전물 일괄지원

현재 지속적인 간판망 확대에 우리의 선전 · 판촉물이 충분하게 지원되지 못할 뿐만 아니라 적절한 관리가 되지 않고 있는 실정을 인정하지 않을 수 없다. 일단 대리점으로 선정되면 대리점인식 Sign Board, Destination Pannel, Route-Map, Pop Stand, KE Calender Frame, Time Table Rack 등 한 세트를 일괄지원할 필요가 있다.

(나) 판매촉진 지원

BA의 경우 매년 또는 반기별로 Information이라는 책자를 제작하여 대리점에 제공하고 있는 데, 그 내용으로는 A/C별 좌석배치도, 각종 상품정보, 대리점 공지사항 등 제반 영업활동정보가 망라되어 발간 · 배포되고 있다. 우리의 경우에도 물론 TOPAS에 어느 정도 내장되어 있으나 Informative하지 못하며 효과적인 활용이 되지 못하고 있는 실정이다. 따라서 판매지침서 내지 상품설명서 등 종합적인 정보정리, 배포가 필요하다. 아울러 판매를 독려하기위한 각종의 Incentive를 개발하여 이를 대리점에게 반기 또는 년간 단위로 별도로 제공하여 판매 독려 · 촉진함이 필요하다. 현재 당사에도 대리점별 각종 실적이 컴퓨터로 분석되어 생산하고 있으므로 이를 활용한 판매 Incentive를 개발하기 용이하다.

(다) 교육 훈련 지원

현재 상당히 의욕적으로 이 부분이 개선되고 있으며, 대리점 직원에 대한 당사 충성도를 제고 할 수 있는 가장 좋은 방법이다. 전산망 확대에 따른 단순기능 "훈련" 이외의 다양한 "교육" 프로그램이 개발되었으면 한다. 또한 필요시 주요한 대리점에 KE 직원이 순회 근무지원을 하는 방안도 검토가 필요하다고 생각한다.

(라) 대리점관련 본사 전담 Team 설치검토

현재 당사 간접판매망은 그 지역을 관할하는 현지지점에 의해 관리되고 있으나, 대리점의중요성에 비해 그렇게 효율적으로 지원 · 관리 되지 못한 실정이다. 따라서 본사 부문에서 대리점 관리팀 또는 유통관리팀 설치 · 운영을 검토할 필요가 있다. 물론, 본사기능에서 각국 현지의 여건을 현지지점보다 잘 파악할 수 없으며, 또한 IATA의 BSP 및 ARC 등 제도를 통해 관리되고 있으나, 이는 판매의 관리일 뿐 판매촉진을 위한 수단이 되지 못하고 있다. 대리점을 위한 각종 정보지원을 통한 KE Royalty 제고 및 판매 제고책이 될 것으로 본다.

6) 영업 현장조직 활성화

현장조직의 활성화와 현장기능의 강화는 서비스산업의 한 분야인 당사에 있어서 그 중요성은 아무리 강조되어도 지나칠 수 없는 일이며, 이를 위한 현재 각종의 정책들이 점진적으로 추진되고 있어 고무적인 현상이다. 당사에 있어서 현장기능의 강화라 함은 우선적으로 man power의 확대를 생각할 수 있다. 그러나 단순한 인력의 보강으로는 문제 해결책일 수 없다. 그야말로 양질의 인력이 풍부한 경험 · 지식을 보유하며 고객우선의 서비스마인드를 가지고 업무에 임하도록 하여야 한다. 이를 위해 업무의 표준화가 필요하며 여기에 대해 전절의 5항을 참조바라며, 또한 여기에서 언급해 둘 점은 업무의 성과에 따른 보수제도와 능력변수에 의한 승진제도(pay for performance and promote for ability)의 실시를 강조하고 싶다[27]. 이는 현장 조직의 활성화를 위한 좋은 Incentive가 될 것으로 본다.

7) 마케팅 주관부서의 기능 강화

단순한 업무종합기능에서 명실상부한 마케팅 핵심부서로서의 기능과 역할을 수행할 수 있기 위해서는 동 기능의 중요성에 대한 사내의 인식과 지원이 선행되어야 한다.

(가) 우수한 전문가 및 전문성 화보

마케팅에 대한 지식과 식견을 갖춘 외부인사와의 빈번한 교류채널확보와 항공마케팅에 대한 풍부한 경험과 전문지식을 갖춘 사내인사의 양성 · 활용이 필요하다. 전문가가 사내 제부문을 marketing concept를 갖추도록 유도할 수 있고, 각종 마케팅 전략 · 전술의 입안과정 및 마케팅 계획 · 실행 · 통제에 활용할 수 있어야한다. 전문가 집단에 의한 체계적, 전문적, 정기적인 시장조사와 결과 분석이 마케팅활동에 활용될 수 있도록 하여야 한다.

(나) 업무 표준 · 자동화 실현

사내 영업현장 조직인 지점의 제반 업무에 대한 효과적인 지원과 독려를 위해 업무수행규준을 작성 · 표준화해야 한다. 지점의 규모에 맞춘 각종업무용 filing system을 전면적으로 점검하여 표준화, 단순화하도록 해야 한다. 지점별, 개인별 성향에 따라 각양각색임을 자인하고자 한다.

이는 인원교체시 새로운 업무에 적응시간을 대폭 줄일 수 있으며, 업무관리 및 경험 축적 등 체계적 관리가 가능하며, 생산성 향상에 크게 기여할 것으로 본다.

물론, 업무자동화로 paperless office로의 진행이 점진적으로 이루어질 것이나, 단순히 문서 서류의 filing이 아닌 정보(system software 포함)의 filing system의 표준화를 도모하자는 것이다.

---

27) 박기찬, 정보기술과 기업의 경영혁신, 항공교통14호, 교통산업연구원, 1993, p.53

(다) 정보관리에서 활동관리로의 전환

현재 생산되고 있는 판매실적 관련한 자료 이외에 개발 중인 시장 및 판매활동 정보는 자동생산지원에 의한 마케팅활동 내지 판매활동을 지원하는 데 중점을 두어야 한다.

(라) 상품개발기능 및 타 항공사와의 제휴 활성화

유럽 및 구주의 항공사 통합 및 제휴는 많은 시사점을 주고 있다. BA의 DNA Air 매수, BA Deutsche 설립 및 US Air와의 38개 도시에 걸친 Code Sharing을 추진 중에 있고, KLM과 NW의 Code Sharing, DL과 SR의 Code Sharing 및 KLM, SAS, SR, OS 의 합병추진 등 세계화전략이 각처에서 추진 중에 있다. 물론 이에는 각별한 유의가 요망되며 장 · 단기적 관점에서 면밀한 검토가 필요하다. 그러나 위험성이 적은 각종의 Marketing 협정은 활성화가 강조되어야 한다. 또한 interline 판매기능 강화, 신규 운임설정을 포함한 각종 신상품 개발, 고수익단위인 Business 승객 확보를 위한 다양한 전략개발 등 새로운 Market 환경변화에 적극적으로 부응하는 노력이 필요하다.

(마) CRS 관련 기능 보강

CRS(computer reservation system)의 거대화와 네트워크 확장 경쟁은 항공업계의 판도 변화를 초래할 전망이다.

북미지역의 SABRE(AA), APOLLO(UA), PARS(TW, NW), 구주지역의 GALILEO(BA, SR, KL), AMADEUS(AF, LH, SK), 아시아지역의 ABACUS(SQ, CX, TG), FANTASIA(JL, QF, ANA) 등등의 지역별 초대형 CRS가 상호 협력관계를 추진하여 세계적 규모의 컴퓨터 시스템망(Grobal CRS)을 구축 중에 있다.

총 발권 유통의 80%가 컴퓨터 예약시스템을 통하여 이루어지고 있고, 여행사 예약의 92%, 발권총액의 87%는 초대형 컴퓨터 예약 시스템(Maga-CRS)을 통하여 이루어지고 있다[28].

따라서, 당사의 경우 한국시장내에서의 TOPAS의 기능 강화 및 확대는 물론

28) 이태원, 현대항공수송론, 서울프레스, 1991,p.566

신속한 시장정착이 선행되어야 한다. 이에 부가하여 예약에 대한 과거의 실적 분석, 예약추세 분석 등의 기초자료를 토대로 초과예약률을 적정수준으로 관리하고, 할인운임 등 운임종류별 승객을 최적으로 조합하여, 수입 극대화를 도모하는 YMS(yield management system)도입도 적극 검토되어야 할 시점이다.

또한, 상기의 Mega-CRS와 적극적인 제휴(가입 등)를 통해 해외시장에서의 KE schedule display가 왜곡(bias)되지 않도록 부단한 노력이 요망된다.

4. 결론

거대한 변화의 물결, 첨예한 경쟁조건 속에서 스스로를 지키고 성장 · 발전하기 위해서는 환경에 대한 철저한 상황인식을 토대로 한 자기변화 노력이 선행되어야 한다. 따라서 당사가 현재의 여건을 극복하고 21세기 초일류항공사로 발돋움하기 위해서는 기업 활동의 근간인 마케팅 분야의 일대혁신이 필요함은 주지의 사실이다

무형성, 소멸성, 인적색채가 강한 서비스의 상품 특성을 대상으로 하는 서비스 마케팅의 한 분야인 항공수송마케팅의 성격을 분석 · 조명하고 마케팅 지향성의 변천 과정과 항공사의 성공요인의 시대적 발전과정을 고찰해 보았다. 이는 어디까지나 범세계적인 조류에 대한 개괄적 접근일 뿐 개별국가, 개별기업의 상황에 그대로 부합되는 현실이 아님은 전술한 바와 같다. 그러므로, 당사는 현대의 시대 조류인 고객만족을 통한 기업이익 실현을 경영역점으로 하는 마케팅 지향 내지 고객 지향의 마케팅체제의 조기 구축이 시급하다 할 것이다.

이에 따라, 당사 마케팅에 대한 현재의 문제점을 5가지로 분석하고, 도출된 문제점의 극복방안을 7개항에 걸쳐 제시해 보았다. 그러나, 마케팅에 대한 자료가 부족하고 특히, 서비스마케팅에 대한 국내의 자료는 더욱 빈약하며, 더구나 항공수송 마케팅에 대한 자료는 더더욱 희귀하여 본고를 작성하는 데 많은 제약과 제한요소가 되었다.

따라서, 본 연구를 진행하는 동안 연구자의 그간의 사내, 국내외 스탭 및 라인 부서 근무 경력 상의 경험, 교육, 여행 등에서 습득한 각종 자료를 보완적으

로 활용하였음을 밝혀둔다.

본고가 앞으로의 당사 마케팅 연구 활성화를 위한 하나의 시발점이 되기를 기대한다.

참고문헌

1. 국내문헌

가. 단행본

김영한, [고객만족혁명], 성림, 1993

서상한. 최덕철. 이신모. [관광마케팅론], 법경사, 1993

손대현, [관광마케팅론], 일신사, 1985

오상락, [마케팅원론], 박영사, 1981

유동근 역, [최신 마케팅론], P.Kotler, Principles of Marketing, 석정, 1987

유동근, [소비자 행동이론], 석정, 1986

이광현, [항공운송사업의 구조와 전략], 박영사,1991

이선희, 김동헌, 이충희, 김인호, [항공수송사업개론], 지문사. 1988

이태원, [현대항공수송론], 서울프레스,1991

임종원, [현대마케팅관리론], 무역경영사,1987

한희영, [마케팅관리론], 일신사, 1993

나. 논문

김병헌, [국제항공여객수송 고객의 행동분석에 관한 실증적 연구], 인하대학교 경영대학원,1989

박기찬, [정보기술과 기업의 경영혁신],항공교통 14호, 교통산업연구원,1993

손대현, [우리나라 관광산업의 마케팅에 관한 실증적 연구], 고려대학교 대학원, 1983

이경섭, [정보기술을 이용한 항공사의 경영혁신], 항공교통 14호, 교통산업연구원, 1993

정찬종, [여행업의 신상품 개발에 관한 연구], 교통신문(1986.6.26.)

다. 간행물 및 기타

국제관광과 항공부문의 공동협력선전방향, 한국관광공사, 1988

자기계발과정 통신교재(IV), 대한항공교육원, 경영-71D-93-1

항공교통, 1-14, 교통산업연구원
Business Intelligence, 93.6, 삼성경제연구소

2. 외국문헌
가. 단행본
P. Kotler, [Marketing Essentials], Englewood Cliffs, NJ: Prentice Hall, Inc., 1984
[Principles of Marketing, Englewood Cliffs, NJ: Prentice-Hall, Inc., 1980
E. J. McCarthy, [Basic Marketing, A Managenal Approach], Irwin, 4th ed., 1971
N. K. Taneja, [Airline Management], Lexington Books, 1976
C. H. Lovelock, [Service Marketing], Englewood Cliffs, NJ: Prentice Hall, Inc., 1984
Stephen Show, [Airline Marketing and Management], Pitman Publishing, London, 3rd. ed., 1990

나. 논문
R. Mckenna, [Marketing Is Everyting], HBR, JAN-FEB, 1991
W. R. George, [The Retailing of Services-A Challenging Future], Journal of Retailing, Fall, 1977
L. L. Berry, [Services Marketing is Different], Business, May-June, 1980
C. Gronroos, [Internal Marketing], AMA, 1981

다. 간행물 및 기타
노무라 Search 93.1
Air Transport World 93.1
Aviation Week & Space Technology, 93.2.1
British Airways, Marketing Agreement(1990-1992)
World Sales(Selling to the World), 1990
Marketing Tactics(1990)

제 2 편

관광 · 항공 세미나 실제

– 세미나, 토론회, 공청회 –

06 국가종합 항공여객 행태조사보고 관련 의견

* 본 자료는 항공운송서비스 향상을 위한 전략수립을 위해 xxx에서 실시한 "국가종합 항공여객 행태조사"의 최종 보고서 작성에 앞서 전문가 의견으로 제출한 자료에서 전재합니다(2013년 12월).

2013년 국가종합 항공여객 행태조사 최종 보고서(2013년 12월) 관련 의견

김병헌(한국관광진흥학회 회장,
한국관광대학교 관광경영과 교수)

외래객 유치확대와 지방공항 활성화를 위한 정책입안 기초자료 확보를 위해 xxx 주관 하에 실시한 항공여객 행태조사 연구의 시의성이나 중요성에 적극적으로 공감합니다. 동 항공여객 행태조사 최종보고서를 검토하고 다음과 같이 의견을 제시하오며, 동 자료의 활용과 후속 연구 과제를 위해 참고하시기 바랍니다.

1. 조사 설계 관련

1.1. 동조사의 기여

동 조사는 전국 15개 민간공항에 대해 9,000여명을 표본으로 금년 5월부터 12월까지 비교적 장기간에 걸쳐 실시하였습니다. 조사내용은 항공여행 일반현황, 공항접근현황, 항공이용실태, 공항이용실태, 환승현황, 공항시설 이용현황 등에 대한 것으로 많은 시사점을 제시였습니다.

1.2. 아쉬운 점

1) 설문대상자가 20-30대에 편중

설문대상자 선정에서 항공여객의 인구 통계직 분포와는 다르게 선정되어 결론도출에 차이가 발생할 수 있습니다. 응답자 중 20대 36%, 30대 28.7%, 40대

18.3%, 50대 9.6%, 60대 이상 4.2%로 되어 있어, 이는 실제 탑승 항공여객 연령대별 분포 보다 20-30대 비중이 65% 수준으로 너무 높아 현상과 상당한 차이가 있습니다.

2) 항공사 및 공항 선택 관련

▪ **국제선 경우**

인천공항을 제외하고, 김포공항은 한일구간 및 한중구간 노선이 집중되어 있으며, 일부 동남아노선이 배정된 김해공항과 제주공항도 유사한 상황입니다. 중단거리 노선을 포함한 국제선 노선이 인천공항에 집중되어 있으므로 공항선택 문제는 설문 설계에서 유의할 필요가 있습니다. 다음에서 보는 바와 같이 항공사, 여행사, 여행객은 공항선택 문제에 있어서 구조적인 차이가 있습니다.

- 항공사의 공항선택: 노선배분과 구조, 배후 수요규모 및 운항비용을 고려한 선택
- 여행사의 항공사 및 공항선택: 운임수준, 상품 구성 원가 경쟁력을 고려한 선택
- 일반 개별여행객의 항공사 및 공항선택: 편의성과 개별 정황을 고려한 선택
- 단체 여행객의 항공사 및 공항선택: 여행사 상품에 따른 수동적 선택

▪ **국내선 경우**

내륙과 제주 구간을 제외하고 내륙노선은 육상교통과 경쟁관계입니다. KTX 개통에 의한 김포-대구, 김포-울산, 김포-광주, 여수 노선이 사례이며, 도로 교통 발달에 의한 김포-진주, 사천 노선 등이 좋은 사례가 되고 있습니다. 현재 내륙노선은 이러한 항공수요 감소에 따라 전통항공사(대한항공, 아시아나)의 노선별 운항빈도 축소로 인해 수요증가 보다 위축이 가속화할 수 있는 상황입니다. 지역항공사 내지 LCC(저가항공사)의 할용이 필요합니다.

상기와 같은 여건이므로 항공사 및 공항 선택에 관한 설문 구성 단계에서 이러한 여건을 충분히 고려할 필요성이 있습니다.

2. 공항이용 특성을 활용한 외래객 유치 활성화 관련

공항이용객의 특성과 외국인 국적별 차별화 및 항공여행 특성별 차별화한 상품과 마케팅전략 개발이 필요하다는 견해에 동의합니다. 또한 국적별 여행 특성을 고려한 관광연계상품개발, 공항 이동수단을 활용한 홍보 활동 강화가 필요하다는 의견에도 원론적으로 공감합니다. 다음 사항에 유념할 필요가 있음을 언급합니다.

2.1. 공항이용의 구조적 특성에 대한 이해 필요

▪ **국내 공항의 국제선 및 국내선 노선 배분의 결과**

- 국제선의 경우

인천공항 개항과 함께 국제선 집중화 정책으로 김포공항을 포함하여 모든 국내의 국제공항이 상대적으로 위축된 바 있었습니다. 그간 김포, 김해, 제주 등 공항이 일부 한일구간, 한중구간, 동남아구간의 정기편 및 부정기편을 확보하여 상당한 수준의 규모로 성장하고 있습니다. 청주와 양양공항은 한중간의 전세기 수요 유치 전략에서 성공적인 성과를 보이고 있는 상황입니다. 따라서 인천공항을 제외하면 대부분의 국내의 국제공항은 일본, 중국, 동남아 등지의 이용객이 대부분인 것은 필연적인 결과일 뿐입니다. 따라서 현상만을 해석한 대책안은 한계가 될 수 있음에 유의할 필요가 있습니다.

- 국내선의 경우

상기에서 언급한 바와 같이 국내선 수요위축에 의한 전통항공사의 운항편 축소에 의한 결과일 뿐입니다. 향후 중앙정부(국토교통부) 내지 지방정부의 의지나 정책방향에 따라 획기적으로 달라질 수 있다고 판단합니다.

- **국적별 여행객의 국내체재일 및 동반 승객 수 관련**
  - 여행객의 국내 체류일 평균에서 14.5일로 산출되어 제시되었습니다. 이는 통계적으로는 문제가 아닐 수 있으나 실제적으로 1-2일 체류 8.1%, 3-4일 체류 30%, 5-7일 체류 28.5%로 70% 정도가 1주일 이내 체류입니다.
  - 여행객의 동반 승객 수도 중국인 4.7명, 동남아인 3.5명, 일본인 2.5명으로 산출되어 제시되었습니다.

상기 통계에는 아웃라이어 처리문제나, 단체승객을 동반으로 인식할 경우 상당히 다른 해석이 가능할 것으로 보입니다.

3. 지방공항 활성화를 통한 외래객 유치 확대 관련

지방공항은 현실적으로 육상교통망의 확대와 고도화에 따라 상대적으로 항공수요가 위축되고 항공사의 운항편 감축 및 노선 철수로 이어지고 있습니다. 이에 따라 지방공항의 부실화로 지방민에 대한 항공서비스 유지 문제와 함께 지방공항의 유휴 시설 및 유휴 인력문제로 그 활성화 문제는 국가적으로 중요한 과제가 되고 있습니다.

3.1. 보고서의 교과서적 제안

보고서는 관광-항공의 협력 강화, 지방공항의 항공 공급력 확대 필요성, 공항별 수요 특성을 고려한 지방공항 활성화 강화가 필요함을 제시하였습니다. 이는 이론적으로는 무난한 견해이나 현실적인 제약과 여건을 극복할 수 있는 구체적인 제안과는 거리가 있어 보입니다.

3.2. 활성화를 위한 현황 분석

- 동 조사보고는 현재 지방공항 이용환경 분석과 설문조사 연계성이 부족하다고 분석합니다. 서울과 지방 특정도시간의 이동 총량(수요)과 이동 방법(KTX, 고속버스) 및 이동 목적, 체류시간, 이동소요시간, 이동비용 등에 대

한 별도의 조사가 병행되었다면 좀 더 현실적인 대안 모색에 참고가 될 수 있겠습니다.

- 지방공항 이용의 문제성 내지 환경이 분석되면 이의 극복을 위한 중앙정부(국토교통부), 지방정부, 지역사회, 연구기관(학회 등)의 공동노력에 의한 해결책 제시가 가능할 것으로 봅니다. 그간 이러한 문제의 중요성을 고려할 때 중앙정부 및 지방정부의 상당한 노력이 있어 왔으며, 지역에 따라 일정한 효과를 실현하고 있습니다.

- 김해 등과 같이 일부 국제공항은 포화 상태로 육박하고 있어 이의 해결책으로 제2공항 건설과 같은 투자를 검토해 왔으며, 지역간의 유치 경쟁이 첨예화하고 있는 반면, 인근공항은 존폐를 논할 정도의 상태에 이르렀습니다.

3.3. 제언

1) 정확한 현상파악과 정책 대안 연구조사 실시

한국공항공사 산하 14개 지방공항 중 자생력을 갖춘 공항(예시: 김포공항, 김해공항, 제주공항 등)과 경쟁력 확보가 시급히 필요한 공항 2개 그룹으로 구분하고 현상 파악과 회생 방안을 모색하는 연구가 필요하다고 판단합니다. 지방정부의 참여가 필요하므로 예를 들어 부산 김해공항과 인근 울산, 사천공항을 함께 조사 분석할 필요가 있습니다.

〈연구 내용〉

- 지역 기반 수요 내용 분석(국내, 국제)
- 공항별 강점과 약점, 제한점, 상호 보완 가능성(인력, 시설, 활주로 인프라 등)
- 항공수요 활성화 방안(관광업계, 관광학계)
- 국내외 항공사 유치 전략(스페인 및 싱가폴 등 사례 활용)
- 지방정부 및 지역사회(경제단체, 관광업계)의 인적. 재성적 지원

2) 지방공항 활성화 대안

▪ **공항과 공항 시설에 대한 인식의 대전환**

- 공항은 "항공기를 이용한 운송수단의 지역 거점"에서 "지역의 물적, 인적 교류의 장소로서 지역 사회 네트웍의 중심 지역"으로 인식하는 발상의 전환이 필요합니다.
- 공항은 항공여객과 항공화물을 처리하는 곳에서 지역의 문화공간화, 농수산물유통센터 등 다양한 요구를 충족시킬 수 있으며, 이러한 활력은 수요활성화를 견인하며 나아가 공항 활성화가 수반할 것입니다.

▪ **국제선 운항 개방**

- 우리나라 영남 지방 면적 규모의 대만에서도 18개의 공항이 운영 중입니다. 우리나라의 경우 국내공항과 국제공항으로 그 시설과 여건에 따라 운영상의 차등을 두고 있습니다. 이러한 제약도 이제는 전면적으로 해제할 필요가 있습니다. 중국시장과 일본지역을 배후로 다양한 정기, 부정기 노선 운영이 가능한 시대가 되었기 때문입니다. 한국공항공사 산하 14개 공항 중 모두를 국제선 운항 가능 공항으로 업그레이드 할 필요가 있습니다. 시설과 인적지원을 인근 국제공항에서 융통성 있게 지원할 수 있겠습니다.

▪ **수요 유인을 위한 공동노력**

지방공항 활성화는 지역문제가 아니며, 한국공항공사 내지 국토교통부 만의 과제가 아닙니다. 지역 간의 균형 발전, 지역 경제 활성화, 지역 일자리 창출 등 다양한 국가 사회적 가치가 혼재하는 국가적인 과업입니다. 이를 해결하기 위한 방안은 간단합니다. 지방정부(교통국/관광국)가 주도하고, 중앙정부(국토교통부)가 지원하며, 한국공항공사가 협력하고, 지역사회 경제.문화 단체가 합심하는 구조를 만들어 추진하면 되겠습니다. 우선적으로 관심이 있는 지역을 선정하여 성공적인 모델을 만들어 여타 지역을 따라오게 하는 선택적 전략을 추진하는 것이 효율적일 것입니다.

4. 환승객의 관광자원화 전략개발 관련

환승객의 관광자원화는 훌륭한 발상임에는 틀림없으나 많은 제약 조건이 있습니다.

4.1. 보고서 내용 관련

우선, 최종보고서 내용 상 다소 문제성 있는 부분을 언급합니다. 보고서 1.3.에서는 인천공항에서 국제선 환승목적 이용객은 없는 것(0%)으로 나타났다고 기술되었습니다. 그리고, 3.1 환승객 관련 항목에서 2012년도 인천공항 이용객 중 환승고객은 620만 명으로 기술하고 있으며 이 통계는 공식적으로 사용되고 있는 자료입니다. 아울러 보고서 275페이지의 최종 환승지 분석에서 153명을 LHR 8명, LAX 5명, PDX 4명, 이하 많은 공항 1명씩으로 분석한 내용에 대한 효용성을 이해하기 어렵습니다.

4.2. 환승객 수 관련 의견

▪ **환승객 개념**

우리나라 공항에서 환승객을 언급할 때 중요한 것은 외국 공항에서 인천공항으로 입국하고 통과(Transit) 내지 환승(Transfer)하여 외국으로 나가느냐 국내선을 연결하여 탑승하느냐 여부에 대한 구분이 필요합니다. 또한 국내공항(예 김해공항)에서 국내선 탑승 후 인천공항에서 환승하여 해외로 가는 경우에 국내선 연결승객까지 환승객 개념으로 포함하느냐에 따라 개념과 통계상 차이가 큽니다.

우리가 유치하고자 하는 환승고객은 외국(통상 중국, 일본, 동남아 등)에서 인천공항에 도착하여 국내외 항공기를 갈아타고 외국으로 출국하는 승객이 대상이 될 것입니다.

▪ **환승 요소**

- 통상적으로 항공사는 항공기 항속거리와 노선구조에 따라 항공기를 운영

하게 됩니다. 대한항공의 경우 런던지역 영업에서 런던-호주 행 승객을 유치하기 위해서는 런던-인천 노선과 인천-시드니 노선을 결합합니다.

- 중국이나 일본 중소도시에서 미주나 유럽으로 연결하기 위해 북경이나 동경을 연결 도시로 하지 않고 인천을 연결도시로 하여 여행하는 것이 편리하거나, 저렴하거나, 매력적이거나 할 때에만 가능합니다.

▪ **환승객 유치전략**

상기 환승요소에서 언급한 바와 같이 항공사의 노선구조 상의 문제이며, 이는 절대적으로 항공사의 노선수익 구조에 달려 있다고 할 수 있습니다. 여기에 대한 이해가 없이는 이를 프로모션할 수는 없습니다. 물론 인천공항에서 연결고객을 위한 공항내 서비스 개발, 환승고객에 대한 신속한 환승프로세스 및 매력적인 환승객 프로그램(하프데이 투어 등)으로 어느 정도 만족도 제고를 할 수는 있습니다. 그러므로 환승객 유치 전략은 환승의 편리성, 저 비용성, 매력성을 제고할 수 있는 대안마련이 관건입니다.

5. 종합 및 향후과제 관련

동 프로젝트는 많은 시사점을 제공하고 있으나, 조사 설계상 특정한 정책적 제시를 하는 측면에서는 어느 정도의 한계가 있겠습니다. 지방공항 활성화 항목에서 언급한 내용 이외에 추가적으로 다음 사항을 제안 드립니다.

▪ **지방공항 활성화와 항공-관광의 트레이드-옵(trade-offs)관련**

- 공항 활성화에 있어서 통상적으로 항공수요 촉진이 우선이냐, 항공 공급 제공이 우선이냐는 논란이 있어 왔습니다. 항공수요가 있으면 항공사가 공급을 확대하게 되므로 수요가 우선이라는 주장과, 또한 항공편 공급이 제공되면 수요가 발생하게 되므로 항공공급이 우선한다는 논리입니다. 모두가 일리가 있습니다.

- 항공운송업은 장치산업으로 전세계적으로 국가 정책적인 다양한 진출규제 등으로 항공사를 파산으로부터 보호해 왔습니다. 항공사는 노선 수익이

발생하지 않으면 노선철수를 하게 됩니다. 특히 전통적인 항공사의 경우 낮은 수익구조 문제로 수익성에 민감하기 때문입니다. 지역의 관광 업계는 관광객이 오지 않으면 지방 관광산업(숙박업, 여행업, 요식업 등)은 부실화하며, 지역 경제에도 문제가 발생합니다. 이러한 문제를 극복하기 위한 방안 모색이 필요합니다. 그러나 항공업계와 관광업계는 상호상쇄(trade-offs)관계가 될 수 있습니다.

- 이러한 문제 해소와 지방공항 활성화를 위해서는 상기 3.3에서 언급한 내용을 참고하시기 바랍니다.

감사합니다.

다음은 참고사항입니다.

여타 "항공-관광협력 사례연구"(김병헌)에서 언급한 동 주제에 관련된 내용 일부를 전재합니다. 참고하시기 바랍니다.

▪ **지역 관광과 지방공항 정책**

관광-항공의 상호작용은 국가 수준에서만 나타나지 않으며, 지방 수준에서 명확히 발생할 수 있다. 지방공항의 정책이 그 지역 관광 성장을 자극하는 중요한 역할을 한다. 유럽의 항공 시장 개방에서 지방공항이 중요한 역할을 하였다. LCC가 급격히 신장해 왔으나 대도시 중심 공항에의 접근은 쉽지 않았다. 뿐만 아니라 이들은 공항이용료의 비용 수준에 아주 민감하며, 이를 이용하는 고객들도 저운임을 위해 먼거리에 있는 지방공항을 이용하는 것을 주저하지 않는다. 이에 LCC들은 좋은 조건을 주는 공항을 찾게 되며, 지방정부는 이것이 지역 관광 활성화의 기회로 활용한다. 지방공항이 LCC 운항조건에 매력적이게 되고, 지역 방문객이 늘어나 지역에서 머무는 시간이 증가하게 되면 관광 효익을 창출하게 된다(Barrett, 2004a).

이러한 사유로 많은 지방정부들은 LCC의 지방공항 유인책을 사용한다. 이를 위해 지역의 공항에 보조금을 지급한다. 지방정부 관점에서 관광 효익이 얼마나 크고 LCC에 매력적인 조건 조성을 위한 비용이 얼마나 되는지를 측정하는 것이 필요하게 된다. 지방정부 차원을 넘어서는 정책적인 문제로서 한 지방의 공항이 많은 항공편을 유치하고 동 지역에 관광객이 지불하는 비용이 증가하게 되면, 인근 여타 지역에는 항공편 감소와 관광 효익 저하가 발생한다는 문제이다. 지역 공항이 이미 매우 혼잡하고, 도시 교통 정체가 심하다면 문제가 없다. 그러나 한정된 관광객을 두고 지방정부간에 보조금 지급 경쟁을 벌인다면 국가적 차원에서는 손실이 될 수 있다. 그러므로 유럽 정부의 경우 지방공항의 보조금 지급문제를 다루는 기구를 두고 운영하고 있다(Barrett, 2006).

▪ **결론 및 시사점**

항공과 관광의 상호 연계성은 명확하나 많은 주목을 받아오지 못하였다. 국가들이 관광산업에 대해 더욱 인식에 높아지고, 경제적 효익의 원천의 하나로서의 관광 진흥에 관심을 두게 되었다. 제한적인 국제 항공 규제가 관광에 영향을 준다는 보편적인 인식을 갖게 되었다. 항공 자유화에 대해 점진적이고 단계적으로 확대되어 왔으며, 이것이 관광을 자극하게 되었으나 아직도 제약요인으로 작용하고 있는 것도 사실이다. 많은 국가들이 관광과 항공 간의 상호 상쇄작용(trade-offs)에 대해 더 잘 알게 되었다.

시장 개방은 일반적으로 관광에는 좋으나 자국적 항공사에게는 고통이 될 수 있고, 특히 단기적으로는 그러하다. 그러므로 국가들은 자국 항공사들 이해와 자국 여행객들의 효익 및 자국행 인바운드 관광으로부터의 효익이 균형을 갖출 수 있도록 노력하게 되었다. 근래 몇 국가들은 항공 자유화에 대한 비용 효익분석 계량화를 시도하고 있다. 항공사와 자국 여행객들의 비용 효익에 대한 측정은 비교적 많이 시도 되어 왔으나, 증가된 인바운드 관광객으로부터 발생한 경제적 효익 규모 측정에 대한 연구는 한정적이다. 이에 대한 연구와 분석이 필요하다.

▪ 작성자 소개 ▪

김병헌(金炳憲)

서울대학교 사범대학을 졸업(문학사)하고, 인하대학교 경영대학원 교통학과에서 경영학 석사, 한국항공대학교 대학원에서 경영학 박사를 취득하였다. 육군제3사관학교에서 교수부 교관, 대한항공에서 교육원과 영업본부 및 국내외 지점장, 토파스여행정보에서 CRS 영업 마케팅 및 교육 담당 상무를 역임하는 등 30여 년간 항공.관광업계 경영현장을 체험하였다. 현재 한국관광대학교에서 관광경영과 교수로 재직 중이며, 한국관광진흥학회 회장, 한국관광 · 서비스연구원 원장, 한국항공경영학회 이사, 한국항공전략연구원 연구위원으로 활동 중이다. 국토교통부의 지방공항 활성화 전략개발 자문교수, 한국산업인력공단의 국가직무능력표준(NCS)개발사업 관광여행서비스부문 개발에 참여하였으며, 이천시 도시계획자문위원 등으로 활동 중이다. 주요 연구 분야는 관광정책, 관광마케팅, 항공사경영, 항공-관광의 연계성, e-서비스, 서비스 품질 등 관광 · 서비스산업 분야이다.

07

관광산업 활성화를 위한 대학의 역할(포럼)

* 본 자료는 한국사학진흥재단이 "교육과 관광산업 융·복합을 통한 창조경제 실현방안 - 대학의 역할을 중심으로"한 전략 모색을 위해 2013년 6월에 실시한 2013년 제2차 사학진흥포럼에서 주제 발표에 대한 지정 토론자로 참여하여 발표한 토론문을 전재합니다.

관광산업 활성화를 위한 대학의 역할(토론문)

김병헌(한국관광대학교)

1. 관광산업과 경제

관광산업은 국가경제에서 산업의 성장성이나 GDP비중, 고용 기여율 및 외화가득률 측면에서 중요한 신 성장 산업이라는 데에 동의한다.

1.1. 세계 관광산업의 경제적 기여도

구분	세계		한국	
	2010년	2020년 예상	2010년	2020년 예상
GDP 점유비중	9.2%	9.6%	7.1%	7.5%
고용 기여	8.1%	10.9%	8.1%	8.5%
투자	9.2%	9.4%	6.0%	7.3%
정부 지출	3.8%		2.6%	

자료원: Travel & Tourism Economic Impact 2010(WTTC, 2010)

World Travel & Tourism Council(2011)에 의하면,

- ○ **세계 관광산업 규모**는 2011년 미화 5조 7,000억불 규모에서 2020년 11조 1,000억불 규모로 향후 10년 동안 연평균 성장률 6.9%를 기록할 것으로 예상하고 있다.
- ○ **세계 관광객 수**도 2010년 9억 4,000만 명에서 2020년 16억 명으로 증가할 것으로 전망하고 있다. 특히, 아시아 태평양 지역 관광객 수는 연평균 7.4% 신장할 것으로 예상하며, 세계 평균 신장률을 크게 상회할 것으로 전망한다.

○ **세계 관광산업 고용규모**가 2011년 2억 6,000만 명 수준에서 2021년 3억 2,000만 명 규모로 증가할 것으로 전망되며, 관광은 '고용 없는 저성장 시대'에 고용 창출의 유력한 대안으로 기대되고 있다.

1.2. 우리나라 관광산업의 경제 기여도(2008년 기준)

구분	관광산업	여타 부분	비고
GDP비중	7.2%		OECD평균 10.1%
외화가득률(07년)	88%	휴대폰 52%, 반도체 43%, 수출 53.3%	
부가가치유발효과	64.2%	제조업 56.6%, 수출 53.3%	
취업유발계수	10억원당 15.5명	제조업 9.2명	
청년층 취업비율(09년)	35.1% (전체 취업자 중 청년비중 16.8%)		청년층(15-29세),

자료원: 문화체육관광부(2010년)

2. 관광인프라(관광호텔) 부족

관광호텔 부족 문제에 대해서도 대전제에서 동의한다. 발제자는 2012년도 기준 서울에서 16,500여실과 전국적으로 3,400여실이 부족한 것으로 추정하였다. 이의 논거로 2009년 외래관광객 호텔이용 현황 조사를 기반으로 하여, 2012년까지 객실증가 연 5.1%, 외래관광객 증가 연 10%, 외래관광객 중 50%가 서울에서 숙박하는 것으로 추정하여 서울의 호텔 객실 수급 분석하였다. 그리고 객실이용률(74%), 숙박일(6.1일), 투숙인원(2명), 호텔 적정 가동률(70%)로 설정하였다. 그런데 여기에서 다음의 고려요소가 더 필요하다.

*** 호텔 등급별 수급고려**

외래 방문객의 인구통계적 특성 등에 따라 사용하는 호텔 수준이 다를 수 있다는 점이다. 연령대, 남녀 구분, 방문목적, 개별여행자와 단체여행자 등의 성격에 따라 특급, 1.2급 등 사용호텔이 차이가 있어 전체적으로 수급을 고려하기보다 더 세분화할 필요가 있을 것으로 본다.

호텔개발 투자유치 어려운 점에 대해서는 공감한다. 초기투자자금의 대규모성과 투자회수기간의 장기화는 관광인프라(관광호텔) 구축에 큰 장애가 되고 있다.

3. 관광인프라 확충 문제와 산학연계 및 대학의 역할과 활용

관광인프라 확충을 위해 대학 내에 호텔 설치를 통한 관광호텔 공급 확대방안에 대해 대전제적으로 공감하며 추가적 의견을 제시한다.

3.1. 대학 자원 활용에 의한 인프라 확대(발제자 견해)

① 학교부지 활용: 초기 투자비 및 토지비 절감

② 대학 인력 및 시설 활용: 전문인력 및 교내 부대시설 활용에 의한 쌍방효과(비용절감, 실습 및 일자리 창출)

③ 지역연계 관광상품화

3.2. 추가적 의견

대학 내 호텔 설립 운영을 위해서 다음 사항에 대해 추가적으로 고려할 필요가 있다.

1) 입지조건 문제

지역적으로 관광객의 접근성을 고려해야 한다. 입지조건이 불리하다면 이를 상쇄할 수 있는 무엇이 필요하게 된다.

2) 운영 시스템 문제

운영시스템을 독자적으로 구축할 것인지 기존 시스템을 활용할 것인지 고려한다.

3) 포지셔닝 전략

현재 다양한 국제적인 체인망을 보유한 다국적 호텔기업이나 브랜드 인지도를 보유한 기업들과의 차별화 전략이 필요하다. 현재 국내 운영 중이거나 계획 중인 환경을 검토하고 이에 대해 차별화 가능한 전략 수립이 필요하다. 참고로 현재 국내에서 운영 중이거나 추진 중인 대학(전문대)과 공기업의 산업인프라 운영(계획) 사례를 살펴본다.

국내 사례

구분	지역	내용	비고
KNTO의 베네키아	국내 전역	중저가 호텔체인	추진 중
메이필드호텔	서울	메이필드호텔전문학교	운영 중
학교-전문직양성	서울동대문	국제호텔직업전문학교	운영 중
경북 대경대	경북경산	조리 및 식음료(수업/실습/영업)	운영 중

4) 교육프로그램 내실화 및 유연성 문제

산학 연계를 위한 교육프로그램은 교육적 성과와 운영 상의 내실화를 위해서는 충분한 검토와 시뮬레이션을 통해 설정되어야 하며, 학교별 특성화가 이루어질 수 있도록 교육정책기관의 이해와 지원이 필요하다.

4. 결어

관광산업 인재 양성 실무 강화 프로그램을 위한 대학 내 부지, 설비를 활용하는 복합적 관광인프라 구축 활용방안은 창의적 발상을 전제로 한다. 잘 알 수 있는 바와 같이, 전문적인 의사 양성을 위해 의과대학 내 부설병원이 설립되어 운영되고 있다. 의사라는 전문가가 되기 위해 부설된 병원에서 학습하고, 실습하며, 독자적인 의료 행위를 할 수 있도록 성장한다. 아울러 지역사회는 양질의 의료 서비스를 비교적 저가에 이용할 수 있게 되었으며, 이는 국가경제 활성화와 일자리 창출 기여도가 큰 산업인 관광산업에도 적용가능한 논리구조이다.

본 논제는 창조경제시대 관광산업에서도 같은 시도가 필요한 시의 적절한 화두이다. 관광산업은 국가적으로 신 성장 산업이며, 청년 일자리 창출 등에 중요한 산업이다. 대학 내 호텔 등 관광 인프라를 조성하고 활용하는 형태는 융합적인 교육프로그램에 의한 양질의 관광전문가가 양성되고, 관광인프라 부족문제도 해결하는 선순환 구조가 될 것이다.

이와 같은 국가적인 과제를 해결하기 위해 산관학의 적극적인 협력과 열린 마인드가 필요한 시점이다. 새로운 변화와 발상의 전환이 필요하며, 특히 교육정책 당국의 미래사회를 지향하는 혜안과 입법기관의 선제적인 법제화를 통한 대응 등이 우선적이며, 필수적인 관건이 될 것이다.

08
관광산업 활성화를 위한 대학의 역할 (관광 교육)

* 본 자료는 관광산업 전문 인재 양성을 위한 관광교육기관이 어떤 사명과 기능을 수행해야 하는가 하는 전략 수립을 위한 기초 자료로서, 유관기관 등의 관련 통계자료를 정리하여 xxx대학에 제출(2013년 12월)한 지료를 전재합니다.

관광산업 활성화를 위한 대학의 역할

김병헌(한국관광대학교)

1. 대학의 사명과 산학 연계

1.1. 대학의 사명

- 대학의 전통적 사명은 교육(teaching)과 연구(research)이다(Duderstadt, 2000).
  - 영국 Cambridge대 사명: 국제적으로 최고 수준의 교육, 학습 및 연구를 추구하며 사회에 봉사하는 것
  - 미국 UCLA 사명: 교육, 연구, 봉사
  - 캐나다 McGill 대 사명: 교육, 학문과 사회봉사를 통한 학습의 진흥
- 현대 사회에서의 대학의 사명은 교육, 연구, 봉사를 주된 사명으로 하고 있다.
- 대학의 기본적 사명은 일반문화를 발전시키는 데 있어서 선도적 역할을 담당하는 것이다(Aronowitz, 2001).

1.2. 산학 연계(industry-science collaboration) 사례

(남장근, 미일대학의 산학연계 메커니즘과 시사점, 산업연구원, 2007)

1) 미국 사례

- 대학 연구 성과의 사업화에 대한 연방정부 수준 지원
  - 1980년 바이-돌법(Bayh-Dole Act) 제정
- MIT, 스탠퍼드, UCB 등 연구 중심 대학의 다양한 산학연계 진행 중

- 연구중심 대학이 초기 신산업을 위한 기술 개발과 이전이 활성화 되어 산업의 지속적인 혁신 창출의 원동력 역할 수행
- 지역에서 혁신 클러스터 형성
  - 공동연구개발, 기술이전, 대학 내 벤처기업 설립 등 지원을 위한 제도 구비

2) 일본 사례

- 문화적 폐쇄성과 대학 운영의 경직성으로 산학연계 체제 지연
  - 1999년 하반기 '산학연계법' 제정되었으며 제도적 시스템 완료
- 산학연계 지원정책
  - 국립대 법인화, 기술이전촉진법 제정 등
- 미국 시스템 차용하여 대학에서 산업으로 기술이전 촉진제도 마련
  - 대학교수의 겸업 규제 완화, 산관학 공동연구 프로젝트 시행

3) 우리나라 현황

- 외국 사례 참고 '기술이전촉진법' 제정(2000)
- 대학과 산업계의 협업 초기단계로 조직문화 등 이질적 요소로 갈등관리 필요
  - 연구성과에 대한 배분(라이선스) 문제, 실용성, 기업기밀 보호

1.3. 대학교육에 대한 기업의 요구

(양승실 외, 기업의 대학교육에 대한 인식과 요구분석, 한국직업능력개발원, 2006년)

1) 대학교육에 대한 기업 요구와 현상

구분	요구 내용 및 현상	비고
채용인력의 조기전력화	현업 조기 적응	
전공과 인성 및 자질	기업별 비중 차이	특수 분야 제외 시(차이 적음)
환경변화 대응력	사회와 기업 요구 부응 미흡	

• 지식기반 평생학습 시대

2) 대학 사명과 기업 요구 분석

구분	내용	비고
인력양성	인성(성실도, 윤리성, 책임감) 자질(의사표현력, 문제해결력) 전공지식	외국어 능력
기술개발과 이전	기업과 대학 공동연구	

3) 대학교육을 통해 육성되는 특성과 육성되지 못하는 특성

회사 구분	대학교육이 가장 길러주지 못하는 특성	대학교육이 가장 잘 길러주는 특성
S사	타인과 같이 일하는 것	어학능력
A사	창의성, 비판력, 분석력, 외국어 구사능력	전공에 관한 기본적 지식
K사	전문성, 가치관확립	세계화, 신기술, 영어, 개방적인 마인드
B사	인성, 창의성, 외국어 구사능력	컴퓨터 능력
N사	논리적 사고력, 인내력, 조직적 사고	요약능력, 어학능력, 국제화 마인드
D사	조직적 사고	IT, 외국어 능력
G사	전문성	없다
M사	전문성, 특화된 지식, 실용교육	자부심

2. 국가 신성장 산업으로서의 관광

2.1. 관광산업과 경제

1) 세계 관광산업의 경제적 기여도

구분	세계		한국	
	2010년	2020년 예상	2010년	2020년 예상
GDP 점유비중	9.2%	9.6%	7.1%	7.5%
고용 기여	8.1%	10.9%	8.1%	8.5%
투자	9.2%	9.4%	6.0%	7.3%
정부 지출	3.8%		2.6%	

자료원: Travel & Tourism Economic Impact 2010(WTTC, 2010)

World Travel & Tourism Council(2011)에 의하면,

- **세계 관광산업 규모**는 2011년 미화 5조 7,000억불 규모에서 2020년 11조 1,000억불 규모로 향후 10년 동안 연평균 성장률 6.9%를 기록할 것으로 예상하고 있다.
- **세계 관광객 수**도 2010년 9억 4,000만 명에서 2020년 16억 명으로 증가할 것으로 전망하고 있다. 특히, 아시아 태평양 지역 관광객 수는 연평균 7.4% 신장할 것으로 예상하며, 세계 평균 신장률을 크게 상회할 것으로 전망한다.
- **세계 관광산업 고용규모**가 2011년 2억 6,000만 명 수준에서 2021년 3억 2,000만 명 규모로 증가할 것으로 전망되며, 관광은 '고용 없는 저성장 시대'에 고용 창출의 유력한 대안으로 기대되고 있다.

2) 우리나라 관광산업의 경제 기여도(2008년 기준)

구분	관광산업	여타 부분	비고
GDP비중	7.2%		OECD평균 10.1%
외화가득률(07년)	88%	휴대폰 52%, 반도체 43%, 수출 53.3%	
부가가치유발효과	64.2%	제조업 56.6%, 수출 53.3%	
취업유발계수	10억원당 15.5명	제조업 9.2명	
청년층 취업비율(09년)	35.1% (전체 취업자중 청년비중 16.8%)		청년층(15-29세)

자료원: 문화체육관광부(2010년)

그림으로 한눈에 보는 한국 관광

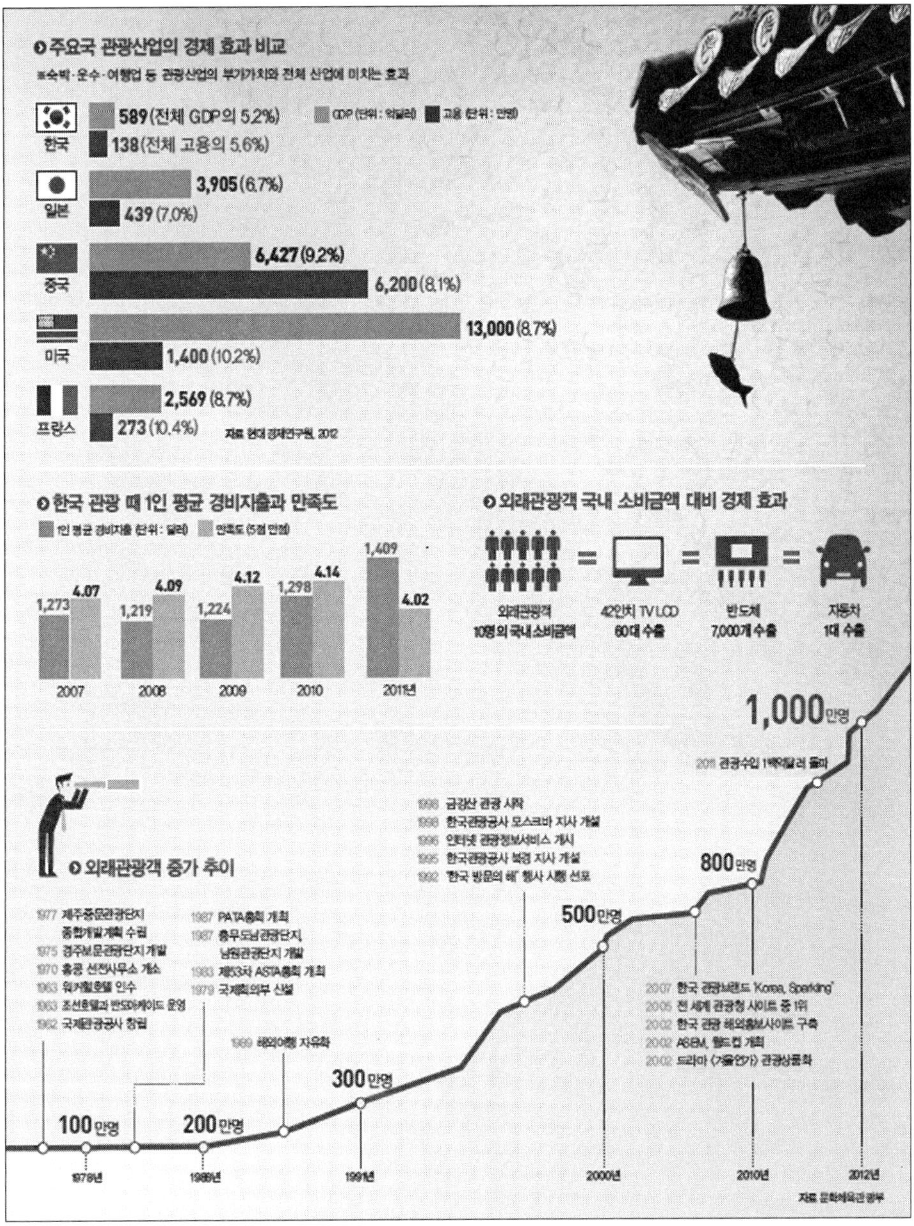

자료: [위클리공감] 2012.11.21

2.2. 관광산업 현황

세계관광기구(UNWTO)는 국제 관광시장의 장기전망에서 2010년 국제관광객수는 10억 명에서 2020년 16억 명으로 연평균 4.8%씩 성장할 것으로 전망한 바 있다(Tourism Highlights, 2008).

세계 국제관광객수 변화추이와 전망 〉

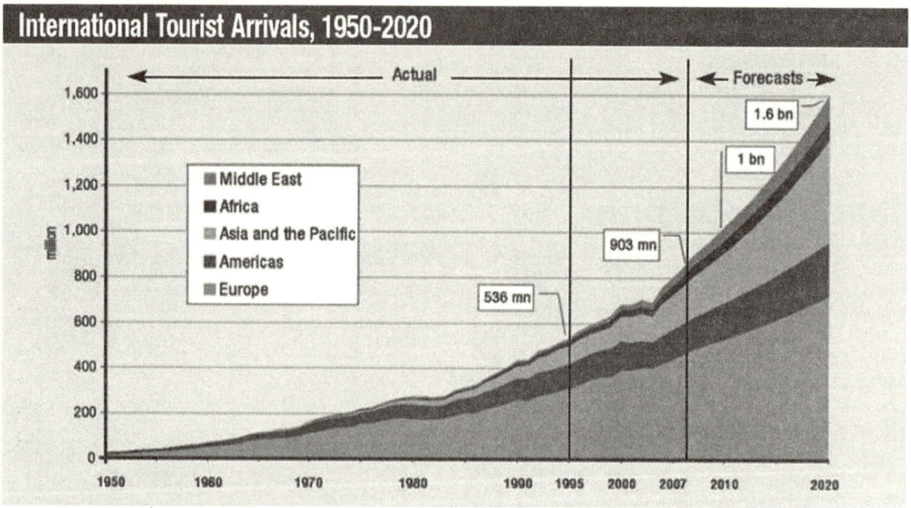

UNWTO(2008). Tourism Highlights 2008.

1) UN_WTO의 관광산업 분류

관광부문	관광관련 산업
숙박·식음료	숙박 및 음식점
교통	육상교통 수상교통 항공교통
여행서비스	여행알선및운송관련서비스 부동산임대업 장비임대
레크레이션 및 문화	레크리에이션 문화 및 스포츠 활동

UN(1994). "Recommendations on Tourism Statistics

2) 우리나라 관광산업

관광산업체수와 종사자수

단위: 업체/개, 종사자/명

구분	관광산업체수	종사자수	
	2009년	2008년	2011년
여행업	11,968	51,987	59,287
관광숙박업	838	49,576	62,783
관광객이용시설업	209	8,594	9,741
국제회의업	190	8,372	12,638
카지노업	17	5,611	6,923
유원시설업	235	6,003	13,492
관광편의시설업	2,462	23,565	39,717
합계	15,919	153,707	204,579

자료: 문화체육관광부, 관광동향에 관한 연차보고서, 2012

3. 관광산업과 대학의 역할

3.1. 사회발전과 대표 산업

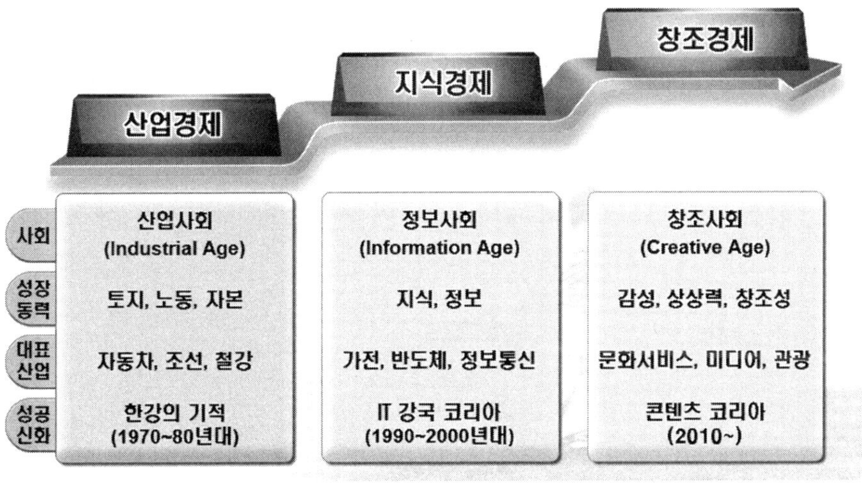

자료: 문화체육관광부(2011), 글로벌시대 문화산업의 가치와 교류협력 활성화 방안 발표자료

3.2. 관광정책과 교육 영역

1) 관광정책 추진 체계도

<table>
<tr><td colspan="2">정책비전</td><td colspan="60">양적 성장과 질적 발전의 조화를 통한 관광선진국가 진입</td></tr>
<tr><td colspan="2" rowspan="2">정책목표</td><td colspan="30">• 외래관광객: 2천만 명
• 관광수입: 300억 불
• 1인당 관광소비: 1,500불</td><td colspan="30">• 국민국내관광객: 6억 인·일
• 국민여행참여일수: 15일
• 국민국외여행객: 1.8천만 명</td></tr>
<tr><td colspan="30">• 관광수지: 흑자달성
• GDP 기여율: 8%
• 관광경쟁력: 15위권</td><td colspan="30">• 순관광고용: 30만 명
• 관광일자리기여도: 9%</td></tr>
<tr><td colspan="2">정책방향</td><td colspan="60">• 문화와 콘텐츠가 살아 숨쉬는 관광
• 산업고도화로 새롭게 도약하는 관광
• 관광수출과 내수관광이 조화되는 관광
• 국민 모두가 즐기고, 누리는 관광</td></tr>
<tr><td colspan="2">육성분야</td><td colspan="12">문화연계
콘텐츠 관광</td><td colspan="12">산업연계
융합 관광</td><td colspan="12">혁신연계
창조 관광</td><td colspan="12">지역연계
가치관광</td><td colspan="12">복지연계
사회관광</td></tr>
<tr><td colspan="2">추진전략</td><td colspan="60">• 경쟁력 있는 관광산업 생태계 구축
• 관광콘텐츠와 창조역량 고양
• 관광산업의 지속적 성장을 위한 인프라 조성
• 지역관광 활성화를 위한 기반 강화
• 국민친화적 관광여건 확충</td></tr>
<tr><td rowspan="5">정책
영역</td><td>관광요소
확충</td><td colspan="15">관광수용태세와
인프라 확충</td><td colspan="15">스토리와 콘텐츠
강화</td><td colspan="15">통합적 관광홍보
·마케팅 추진</td><td colspan="15">관광산업과 기업
육성</td></tr>
<tr><td>관광주체
역량강화</td><td colspan="20">사람(관광인력양성과
일자리)</td><td colspan="20">정부(거버넌스와
네트워크)</td><td colspan="20">기업(강소관광기업
육성)</td></tr>
<tr><td>관광산업
생태계
조성</td><td colspan="15">투자환경 조성</td><td colspan="15">공생환경 조성</td><td colspan="15">지역관광산업
육성</td><td colspan="15">관광R&D 강화</td></tr>
<tr><td>新관광문
화형성</td><td colspan="15">관광복지</td><td colspan="15">공정관광</td><td colspan="15">관광인식</td><td colspan="15">생활관광</td></tr>
<tr><td>정책추진
체계 정비</td><td colspan="60">• 관광정책 육성체계 정립(조직혁신과 위상강화)
• 예산, 재정, 세제 등 재정투자 여건 조성
• 관광정책 거버넌스 구조 확립(집행과 조정력)
• 선진국형 관광법령 정비(신규 제정과 개선)</td></tr>
</table>

자료원: 심원섭, 미래 관광환경 변화 전망과 신관광정책 방향, 문화관광연구원, 2012

2) 관광정책 패러다임 변화

	현재	미래
투입 요소	노동, 하드웨어, 자본 등에 기반한 요소투입형 관광성장모델	지식, 콘텐츠, 기술 등에 의한 혁신주도형 관광산업 성장기반 조성
생산 과정	개별 관광주체간 수직적, 물리적 연계	다양한 관광주체간 수평적, 화학적 협력관계 형성
성장 기반	정부, 인바운드, 주력관광산업, 대자본 중심	민간, 내수관광, 연계관광산업, 소자본 중심
성장 결과	인바운드수, 경제적 기여, 관광수지 등 양적 성장지표 중심	국민의 삶의 질, 관광복지, 일과 삶의 균형, 일자리 창출 등 질적 성장지표 중심
추진 체계	관광산업, 경쟁정책, 부처이기주의, 규제개선 중심	융합산업, 협력정책, 거버넌스, 산업생태계 조성 중심

자료원: 심원섭, 미래 관광환경 변화 전망과 신관광정책 방향, 문화관광연구원, 2012

3.3. 우리나라 관광산업 신규수요 및 공급구조

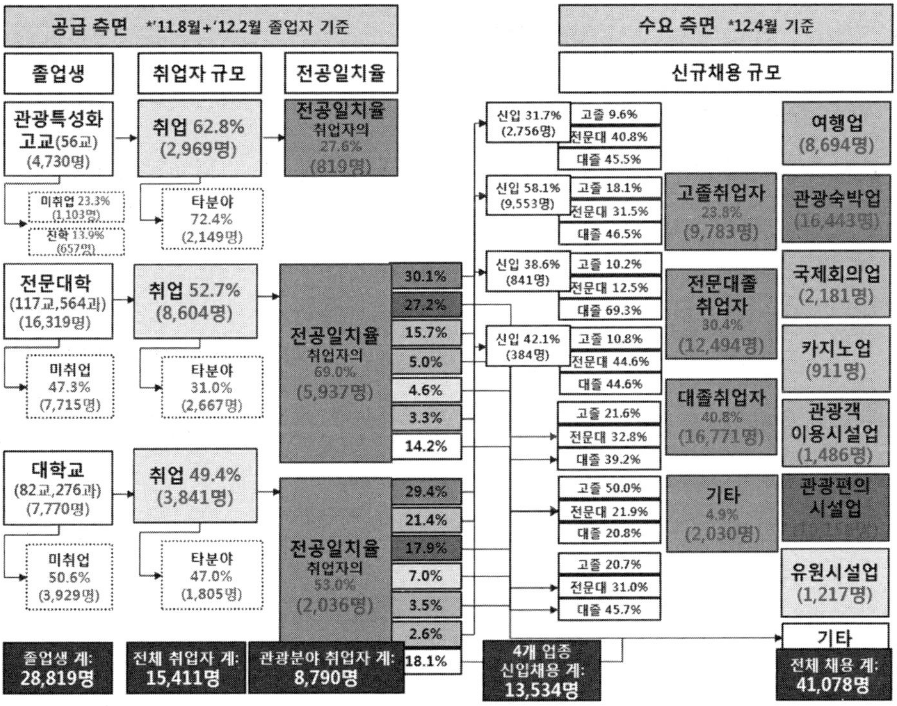

자료: 문화체육관광부(2012). 관광산업 인적자원 육성 체계화 방안

3.4. 관광산업 융복합구조

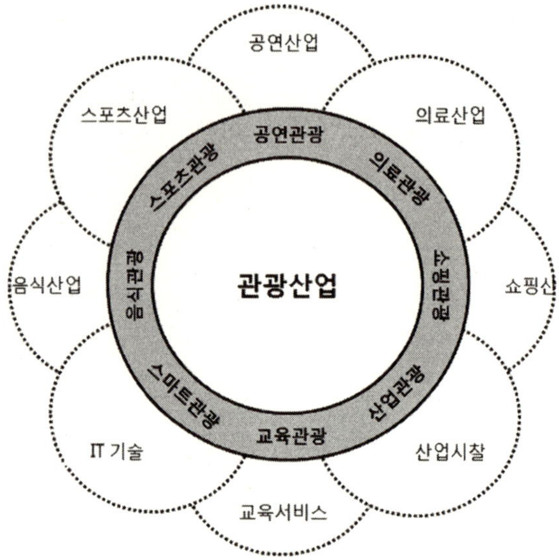

자료: 문화체육관광부(2012). 관광산업 인적자원 육성 체계화 방안

4. 결어: 관광부분 산관학 연계

① 산관학 협력 시스템 구축

- 중앙 정책 부서 간 협력 문제(문화체육관광부, 교육부, 미래창조과학부 등)
- 산관학 협력 체제 마련

② 해외 산관학 연계 사례 분석과 활용

③ 관광산업 취업 구조와 취업의 질적 향상 방안

④ 환경변화에 따른 대학의 대처 역량 강화

- 대학의 학과/교육내용 및 방법 등 자율성 확대

⑤ 국내외 인턴쉽 프로그램 내실화

09

대학교육과 산학협력 강화 방안 모색

* 본 자료는 정부 교육부에서 추진 중인 대학구조개혁과 관련하여, 산학협력 강화 방안 모색을 위해 xxx대학에 제출(2014년 2월)한 자료를 전재합니다.

대학교육과 산학협력 강화 방안 모색
(2014년 2월)

김병헌(관광경영과 교수)

1. 검토배경

1.1. 교육부의 대학구조조정 계획에 대한 대응방안 모색

창의와 융합을 근간으로 하는 창조경제 구현을 위해서는 창의성과 도전정신을 갖춘 인재 양성이 핵심이며, 이를 위해서는 교육의 질 제고를 통한 대학 경쟁력 강화가 무엇보다 중요함에도 불구하고, 그간의 대학 평가는 취업률·충원률 등 정량지표 위주의 상대평가로 인하여 대학교육의 질 관리 측면에서는 미흡하였다는 지적이 제기되어 왔다.

〈대학 교육의 질 제고를 위한 새로운 대학평가체제 도입〉

공통지표 및 특성화지표로 구분하되, 대학과 전문대학의 평가지표는 별도로 설정하여 평가하게 된다.

※ **평가지표 예시**

(공통지표) 대학 발전계획, 학사운영, 창업, 교직원, 학생 선발 및 지원, 교육시설, 대학(법인) 운영, 지역사회 연계 등사회공헌, 교육성과 등의 영역별로 구성

(특성화지표) 교육, 연구, 사회봉사, 평생교육, 산학협력, 국제화 등 각 대학이 가진 강점분야를 중심으로 한 특성화 성과 및 계획

1.2. 정부의 산학협력 10대 중점과제

〈창조경제 생태계 조성을 위한 산학협력 활성화 10대 중점 추진과제〉

교육부는 '산학협력 진흥 10주년 기념 정책포럼'을 열고 '산학협력 활성화 10대 중점 추진과제'를 발표했다. 교육부가 내놓은 10대 중점 추진과제는 △산업계 수요에 맞는 우수인재 양성 △인문사회 · 예체능분야 산학협력 활성화 △신산업 · 신시장을 개척하는 고급 전문인력 양성 △산학협력 대상 확대 △인력교류 및 지식 공유 활성화 문화 조성 △글로벌 산학협력 정책교류 활성화 △창업교육 및 창업문화 활성화 △지역 산학협력 생태계 구축 △산학협력단 혁신역량 및 통합조정 기능 강화 △공과대학 등의 체질개선 및 협력체계 강화 등이다.

2. 대응전략 모색

정부가 일자리 창출 및 산업체 수요에 맞는 인력 양성을 위해 산학협력 정책을 강하게 추진하고 있다. 이에 부응하기 위한 전략 모색을 위해 다음과 같은 검토가 필요하다.

2.1. 산학협력단 기능 강화

교육부의 산학협력선도대학(LINC) 육성사업은 핵심 정책 중 하나로 사업 예산 규모가 올해 1700억원에서 3800억원으로 대폭 확대된다. 이 사업을 통해 교육부는 각 대학의 교수 승진, 재임용시 산학협력 실적 반영 비율을 높이고 산업체 경력을 지닌 산학협력 중점 교수를 확대하도록 하고 있다. 울산대, 호서대, 순천향대, 한남대, 영남대 등이 산학협력 부총장제를 도입하는 등 산학협력 위상과 기능가화를 시도하고 있다.

2.2. 직업능력(취업능력) 강화 프로그램 운영

- 입학 후 매 학기 별 직업능력 강화 프로그램 운영

- 종전의 학과특성화 프로그램의 내실화 필요성.
  (특정 요일 방과 후 전교생 대상, 학과 별/취업분야별 전문 프로그램 운영)
- 1학년 1학기부터 시작하여, 직업 적성 확인 및 취업 동기유발하고 2학년 2학기 취업 확정시까지 매 학기 운영

• **사례: 한림성심대 LINC 사업단**은 자율적 산학협력과 산학융합 선도 모델을 구축하기 위한 기반을 조성 중이다. 학생들이 입학부터 졸업까지 경력을 체계적으로 관리할 수 있는 'H-CAP 시스템'을 구축했다. H-CAP 시스템을 통해 직업진로상담과 지도, 현장실습과 취업 등이 이뤄지고 있다. 학생들은 '3S(Self-Up: Motivation, Improvement, Management) 교육시스템'을 바탕으로 동기 부여와 자기 계발에 나선다. 한림성심대는 1기 산학협력중심 전문대학 육성사업(2005~2009) 사업 대상자로 선정되는 등 강원도 대표 산학협력 전문대학으로 자리매김 했다. 2012년 전국 전문대 중 취업률 19위를 차지하는 성과를 거두기도 했다.

• 산학협력 중점 교수제 도입 검토 필요

전문교수 보강이 필요하다. 산학협력 업무를 중점 추진하고 실적으로 평가받기 위해 만든 것이 '산학협력 중점교수제'다. 산학협력 선도대학 육성사업단으로 선정된 50여 개 대학은 산학협력 중점교수를 10~20명 지난해 채용했다.

2.3. 현장실습 시스템 강화

현장실습은 이론교육과 일선 실무를 접목해 현장 적응력을 갖춘 인재를 양성하기 위한 교육 프로그램이다. 2012년도 전국 대학에서 현장실습에 임한 학생은 10만여 명에 이르는 것으로 알려지고 있다. 예년 평균 2만~3만 명에서 5배나 급증한 것이다. 교육 전반 패러다임이 산학협력 중심으로 전환되고 있다.

대학마다 한 달간 또는 일정 기간 학점과 연계해 운영하고 있으며 이에 따른 실습 · 멘토비, 실습안전보험료 등 실비도 국비에서 지급되는 곳이 늘고 있다. 현장실습의 취지대로 학생들이 경험을 쌓고 적성과 희망에 따라 취업으로

이어지는 바람직한 교육제도다.

• **한림성심대 사례**

현장실습 수업은 학생 취업과 연계된다. 한림성심대는 기업이 원하는 인재를 만들기 위해 '현장실습전담교수제', '현장실습 8학점제' 등을 도입했다. 현장실습전담교수제는 학생들이 실습하는 기업의 관리자급 직원을 전담교수로 위촉하는 제도. 별도의 지도 수당을 지급받는 현장실습전담교수의 의견은 학교로 보내져 교육과정에 반영된다. 현장실습 학점은 과거 3~4학점에서 현재 8학점으로 높아졌다.

2.4. 취업률 제고 프로그램 재점검

• **동명대 사례 – 실무교육과 취업지원**

동명대는 2013년부터 취업률이 낮은 학과를 집중 지원하는 '위너스프로그램'도 시행하고 있다. 부산시대학취업역량강화사업비 7000만원을 지원받아 상담사 3명을 뽑고, 취업률 낮은 학과를 대상으로 10% 이상 취업률을 올리도록 하는 계약을 체결했다. 40~50명을 1박2일 동안 교육하는 취업 캠프 대신 취업 컨설턴트를 고용해 취업지원실의 문턱을 낮추고 직업상담검사부터 밀착상담까지 해준다. 직접 취업을 원하는 기업의 특성까지 파악하고 적응할 수 있도록 하는 시스템을 구축했다. 동명대는 산학협력 부문에서 2012년도보다 2배 이상 예산을 지원받은 성과를 냈다. 2013년도 산학협력선도대학사업 최우수(56억원), 교육역량강화사업(30억원), 대학중심 평생활성화 지원사업(16억5000만원) 대학으로 선정됐다. 지원받는 금액만 100여억원으로 2012년보다 2배 이상 늘었다. 부산·울산 사립대 가운데서는 취업률 1위(66.6%)를 기록했다.

3. 대학의 과제(제언)

3.1. 교육의 질 향상과 학생 만족도 제고

• 대학/관광 특성화 전문대에 부응하는 교육

- 전문성, 인성, 자질 제고

3.2. 산업밀착형 커리큘럼 및 교육프로그램 운영

- 취업분야에 부합하는 교과내용/프로그램
- 급변하는 산업 환경 변화에 대한 적응력

3.3. 대학 특성화–관광산업 진흥을 위한 산학협력 시스템 모색

- 대학과 산업계 연계성 확대(협회/학회 활용)
- 산학협력 프로그램 내실화(제도적/주기적/전문적 업계 관리)

3.4. 취업률 제고를 위한 전략 추진

- 산학협력 전담인력 전문화
- 과감한 예산지원에 의한 인력 투입(산학협력중점 교수제 등)
- 입학 후 학기별 체계적 교육지원 관리

10
지방공항 현장 방문 관련 소감

* 본 자료는 지방 공항의 활성화를 위한 전략 수립을 위해 관련 기관의 자문 교수로 참여하여 2013년 7월 중 부산, 제주 등 7개 지방공항을 순회 방문하고, 참고 의견으로 제출한 자료에서 전재합니다(2013년 7월).

지방공항 현장 방문 관련 소감

김병헌 교수(한국관광대학 관광경영과 학과장,
한국관광진흥학회 회장)

1. 방문 목적

xxx 주관 지방공항 별 활성화 방안 청취 및 지역 여건 점검을 통한 대책 수립 추진 관련 민간연구위원 참여 자문

2. 방문 지역 공항 및 일자

가. 대구공항(2013년 7월 x일)
나. 포항공항(2013년 7월 x일)
다. 울산공항(2013년 7월 x일)
라. 부산공항(2013년 7월 x일)
마. 제주공항(2013년 7월 x일)
바. 사천공항(2013년 7월 x일)
사. 여수공항(2013년 7월 x일)

3. 지방공항 별 활성화 전략 수립 관련 의견

3.1. 대구공항

1) 주요 현안 및 문제점

• KTX 개통 이후 수요 위축에 따른 제주, 인천 노선 주력 중이며, 국제선(정

기, 부정기 편) 운영 중이나 공항 설비 대비 운영 비율 미약 .

- 인근지역 520여 만명 인구 규모로 항공잠재수요는 충분하나 현재 지역수요 부산 인천 청주 등 유출로 자체 성장 한계성 및 군공항 특성 상 커퓨타임 문제 등 해결 과제

2) 참고 의견

- 정책적 해결과제
  - 운항제한 시간대 축소 및 해소 문제(특정시간 대 운항 총량제 검토)
  - 활주로 이착륙 방향 문제
- 지역의 전략적 추진 필요 과제(의견)
  - 항공 수요 위축에 따른 공항 자원 활용 및 관리 방안 모색 필요
  - 공항 유휴 시설 및 관리 인력 활용도 제고 방안으로 영화, 공연 등의 문화적 요소 투입에 의한 유인책 검토
  - 지역 관광인프라(면세점, 쇼핑센터, 연계 교통 등)와 관광수요 창출 문제 해결을 위한 지역 지자체 관광 정책 당국과의 전략적 협의 기구 필요

3.2. 포항공항

1) 주요 현안 및 문제점

- KTX 영향에 의한 수요 위축과 운항 편 감편 등 상황과 연간 80억 원 내외의 손실 추세
- 공항 활주로 연장, 재포장 공사 등에 의한 2014년 3월 부 1년 6개월 이상 폐쇄 및 KTX 신포항-서울 구간 개통(2014년 말 예정) 문제 등

2) 참고 의견

- 지역항공사 설립 추진 관련 건 신중하고 보수적인 관점에서 접근 필요 의견
  - 울릉도 수요는 수도권 중심 수요로서, 포항-울릉 구간으로 지역수요화 미미 예상

• 공항 자원(시설 및 인적) 활용도 검토 필요.

3.3. 울산공항

1) 주요 현안 및 문제점

• KTX 1, 2단계 개통에 의한 여객수요 연 140 만명(2003년) 규모에서 52 만명(2012년), 44만명(2013년 예상) 수준으로 대폭적으로 감소
• 활주로 2,000m 한계성, KTX관련 타격 외 인근 부산공항으로 수요 유출 문제
• 지역 공항운영 손실 폭 연 90억원 상태로 지속적 확대 상태
• 지역 기반 LCC 설립 추진 중

2) 참고 의견

• 공항 자원 활용도 제고 방안 적극적 추진 필요.
  - 지역 계획으로 공항지역 그린벨트(시 지원 전제) 및 부속 부지 활용 영화관 시설 준비 중으로 바람직한 계획으로 지원 필요성 인정.
• 다양한 관광 자원 활용 관광상품 개발 가능성 있음.
  - 산업관광 자원(현대자동차 등 산업 자원 우수)
  - 생태, 자연자원(암각화, 고래 구경 등)
  - 문화 자원(인근 경주지역 연계)
• 지역 관광 최대 수요발생지 수도권 관광업계 상품개발 지원
  - 울산지방 중심 상품 개발 지원을 위한 서울 대형 여행사 팸 투어
  - 일본, 중국 인-바운드 중심 여행업계(한진, 롯데 등) 활용 필요
• 서울 비즈니스 수요 및 제주 관광 노선 확충 방안
  - 서울-울산-제주-울산-서울 형태 등으로 노선 구조 개발에 의한 운항편 확대
• 지역 중심 LCC 설립 추진 건 신중한 검토 필요
• 활주로 여건 등은 열악하나 지역의 산업 비중 및 대규모 공단 개발에 의한

산업용지 공급 활성화로 항공수요 지지 가능성은 있을 것으로 판단됨

3.4. 김해국제공항

1) 주요 현안 및 문제점

- KTX 운항관련 국내선 수요 유출에 따른 수송 감소(연 900 만명 수준에서 520만명 규모)
  - 향후 지속적 감소 예상(KTX 스케줄 편리성, 운임 저렴, 최종 목적지 도착 실제 소요 시간대 유사)
- 국제선 운항 지속적 확대 중에 의한 여객 청사 처리 능력 한계
  - 국제선 운항 편수 확대(2006년 15,800편 수준에서 2012년 32,400편)
  - 국제선 여객 수송인원 확대(2006년 230만명 수준에서 2012년 400만명 규모)
  - 여객청사 처리 능력 연 463만명이나, 2012년 처리실적 403만명 기록으로 포화 근접으로 2014년부터 2년간 2단계 확장 공사 계획 추진 중
- 국제선 수요원천 지역 확대 추진 중
  - 2013년 7월 현재 11개국 30개 노선 주 706편 운항 중.
  - 2012년 기준 국제선 국적별 비중(일본: 34.2%, 중국: 25%, 기타:40.8%).
  - 현재 단거리 노선 위주에서, 구주. 미주 등 장거리 노선 취항 노력 중.

2) 참고 의견

- 현재 부산시의 국제선 확충을 위한 재정 지원책에 의한 노선 확대, 관광객 유치 확대 성과가 있는 것으로 판단됨.
- 관광 구성 3요소 중 관광객체(관광 대상 내지 목적물)인 관광소재가 풍부한 지역으로 분석됨.
  - 지역의 MICE(국제회의, 전시박람회)산업 파급효과
  - 해양 중심도시(바다 소재)
  - 산업관광(거제도 선박 건조 설비 등)

- 문화・유적 관광

• 지역의 국제선 중・장거리 노선 개발은 현 여건 및 환경 상 현실적 방안이 되기 어려움.
  - LH(루프트한자 항공)의 부산-인천-뮌헨 노선은 국가적 이익에 부합되지 않음(LH의 대 국적 항공사 프랙티스 점검 필요성)
  - 현재 지역 여건 상 항공수요가 집중적으로 발생하는 일본, 중국, 동남아에 주력하는 방안이 현실적임(정기편 운항 이외의 특별 전세기 등은 별개 사안임)

3.5. 제주국제공항

1) 주요현안 및 문제점

• 국내선, 국제선 최근 5년간 지속적인 성장세 유지 및 운항 상태 양호 하나, 향후 상황변화 대비 필요성
  - 2013년 7월 현재 국내선 7개 항공사, 13개 도시, 일 320편 운항 중(2013년도 국내선 수송량 전년비 2% 증가 1770만명 수송예상).
  - 2013년 7월 현재 국제선 4개국 10개 항공사 15개 노선, 주 168편 운항 중(2013년도 국제선 수송량 전년비 35% 증가 147만명 수송예상). 국제선 국가별 점유비중은 2013년 상반기 기준 중국 71.6%, 일본 18.7%, 홍콩 및 대만 등 기타 9.7% 임.

• 방문객 선호 시간(아침-도착, 저녁-출발 선호) 관계로 운항시간 편중 문제점

• 지역 요청: 시간당 슬롯 확대 및 CIQ 등 상주 인력 증원

2) 참고 의견

(가) 제주 지역 환경에 대한 관점

제주 지역은 국내외적 정치, 경제, 사회문화적 환경 변화에 따라 수요 증감 민감도가 큰 것으로 실증된 바 있음. 2000년도 전후기 제주지역 관광지 고물가

등 문제로 금강산 관광 및 해외여행으로 목적지를 바꾸어 상당기간 애로가 많았음. 현재, 중국인 관광객 증가 및 금강산 관광 중단 상태로 상대적인 수혜지역이 되고 있으며, 이와 같은 추세를 유지하기 위해 제주 관광 당국의 각별한 대처 및 관리가 필요한 것으로 판단함.

(나) 정책관련

- 공항 커퓨 문제 및 슬롯 확대 관련
  - 제주지역 경제가 관광산업에 의지하는 비중이 절대적이므로 커퓨 시간 관리방안 마련이 필요함.
  - 공항 슬롯 확대는 대체적으로 선진 공항에서 시간 당 40회를 기준으로 삼아 2회 정도를 긴급대처용으로 관리하며, 통상적으로 38회 정도로 운영 중임을 참고(38회- 40회 + 42회).
- CIQ 등 상주인력 확대 문제
  - 특정 CIQ 수속 시간대에 수속카운터 배치인력 수(카운터 오픈)가 부족한 것으로 판단되며, 특정시간대(peak time)에 설치 부쓰(booth)를 전부 사용하지 못하는 것으로 파악함. 이를 위해 특정 시간대 근무용 파트-타임 형태 검토가 필요 의견임.
- 관광산업 진흥 및 관리
- 제주지역의 특성상 특히, 관광관련 품질 관리, 안전 관리, 가격 관리에 대한 당국의 노력이 필요함.

(다) 제주 관광 마케팅 관련

- 관광 자원을 활용한 지역 공동 마케팅
  - 제주 천연자원 기반: 생태, 자연관광
  - 문화적 소재: 문화 관광
  - 해양, 관광소재: 체험 관광
- 관광 요소 관련 가격 및 품질 정책적 관리
  - 교통, 호텔. 리조트, 음식 등
  - 이미지 요소가 향후 재방문 의도에 크게 영향을 주게 됨.

• 관광지 안전 관리
- 2012년 7월 제주 올레 1코스 사건 이후 시행된 "제주여행지킴이"투입 비용(8,000 만원) 대비 이용률 미약으로 기대 효과 상대적 미흡 예상.
- "관광보안관제도" 도입 검토 필요 의견임. 태국 및 말레지아 관광경찰제 운영 중이며, 제주도의 경우 도입 시 환경상 효과성이 기대됨.
- "관광보안관"은 관광객 안전은 물론 관광지 정보와 관광 요소 가격, 품질 등 관리에 활용할 수 있음.

3.6. 사천공항

1) 주요현안 및 문제점

• 활주로 여건은 매우 좋으나, 대전-통영 고속도로 및 KTX개통에 의한 국내선 수요 감소.
• 국제선 전세편 운항 등 활로 모색 중이며, 공항청사 20년간 미투자로 애로 상황.

2) 참고 의견

• 현재 육로교통 여건 개선으로 국내선 수요 위축되었고, 항공편 스케줄이 좋지 않아 상황이 악화되는 측면도 있음.
• 국내선 항공운임 책정 관련 기준 적용 점검 필요.
- 서울-진주·사천 노선 경우 종전 광주 상공 경유 남해안 선회 항로로 내륙노선 중 비행거리가 가장 장거리로 고 운임이었으나, 현재는 대구 상공 경유노선으로 바뀌었으므로 운임인하 조정이 필요함.
• 지역 관광 환경 여건은 마케팅 역량에 따라 개발 가능성 있음
- 자연자원: 지리산, 고성 공룡, 남해 지역
- 인문자원: 촉석루, 산청 한방축제
- 산업자원: 항공기 제작(KAI)
- 해양자원: 통영, 사천, 남해

- 공항자원 활용도 제고 방안 모색 필요
  - 공항 설비 활용성 제고를 위한 공연 등 문화 마케팅.
- 부산김해국제공항의 슬롯 등 문제 해결용 대체공항 활용 검토 필요
  - 사천공항의 활주로는 2본으로 여건은 국내 최고 수준 중의 하나이므로, 김해공항의 대체공항으로 활용도 가능할 것으로 판단. 통합 창원시(마창진) 및 진주 등 경남 중서부 지역 250~350여 만 명 항공 수요를 커버하는 방안으로 활용 검토 필요 의견임.
  - 상기 경우 역설적으로 현재 여수공항 수준의 청사시설 투자가 필요함.
- 국내 유일 항공클러스터로서 항공기 제작 및 부품 수출 관련 지원
  - 소형 항공기 콤플렉스 조성(2014년~2018년)
- 혁신도시 진행 중
  - 2014년 토지공사 입주 등 11처 3.2만명 규모 신규 유입.

3.7. 여수공항

1) 주요현안 및 문제점

- 공항청사(2005년 신축) 매우 양호하나, KTX개통에 의한 수요 감소 심화 문제
  - 여수 엑스포 등 대형 행사에도 항공수요 한계.
- 지역의 수도권 행 교통 수요 140만~150만 명 규모 추정.
  - 항공 점유 축소(과거 50% 수준에서 33% 수준으로 하락, 철도 점유 60%로 확대)
- 공항청사 시설 운영 등 연간 80억 원 수준 운영적자 문제.

2) 참고 의견

- 공항 자원 및 설비 활용도 제고 방안 모색 필요.
- KTX 인접에 의한 국내선 수요 감소문제 대응 공항이용객 증대 전략추진.
  - 지역 경제권 및 산업단지 연 130조원 경제권 지역

- 광양만권 공항 활성화 협의회 발족 추진 중으로 일정 효과 기대됨.
  - 지역 유력 기관장 협의체로 항공사 손실금 일부 보전 등 방안.
- 지역 관광 활성화 요소의 항공 수요화 추진(전남 동부권 90만명 인구)
  - 여수, 순천, 광양 지역 산업관광, 해양관광 등 소재 활용 필요.

4. 종합 의견

4.1. 현상 분석

- 지방 공항은 전반적으로 대체 교통수단(KTX, 고속도로, 해운 등)에 따라 항공 수요가 영향을 크게 받고 있음.
- 민군 공용 및 민간운영 공항의 공항청사, 활주로 여건, 슬롯, 소음(커퓨) 등의 문제가 제약이 되고 있음.
- 수요 위축에 따라, 항공사 운항편수 감소로 항공교통여건이 열악해지고 있는 공항이 다수임.
- 다수의 공항이 공항운영상 적자 운영 상태가 지속되고 있어 이에 대한 전략 수립이 필요함.

4.2. 전략 수립 시 참고사항

- 현재 공항운영이 활성화 상태로 있는 공항도 여건 변화에 따라 상황이 달라질 수 있으며(정치사회 환경변화, 경기 위축, 여행 선호 변화 등)
- 현재 공항운영이 위축 상태에 있는 공항도 여건 변화와 마케팅 전략에 따라 활성화 할 수도 있음(청주공항 등 사례).
- 항공과 공항은 대표적인 장치산업이므로 운항 중단 및 공항 폐쇄의 경우 회복이 쉽지 않음에 유의가 필요함
- 지방공항의 운영적자가 확대할 가능성이 크나, 지역민의 항공 편익 도모 또한 국가적(지방정부 포함) 과제이므로 이를 해결하는 실효성 있는 전략을 수립하고, 추진해 가는 것이 바람직한 것으로 판단됨.

11 항공정책 기본계획 공청회

* 본 자료는 항공정책기본계획 수립을 위한 관련 xxx 공청회 토론자로 참여하여, 제공된 기본적 자료를 기반으로 제시한 의견 지료에서 전재합니다(2014년 12월).

공청회 토론자 의견수렴

제2차 항공정책기본계획 수립방안 연구

검토의견(2014. 12.)

김병헌(한국관광대학교 교수,
한국관광진흥학회 회장)

▪ 목차 ▪

1. 계획의 개요

1.1. 법적 근거

○ 본 항공정책기본계획은 항공법 제2조의5(항공정책 기본계획의 수립)에 근거하여 시행

○ 신 성장동력 항공산업 육성, 항공운송산업 경쟁력 강화, 공항개발 및 운영, 항공교통이용자 보호, 항공전문인력 양성, 항공안전기술 향상, 항공안전관리 개선과 항공환경, 국제협력과 위상강화 등 항공관련 제분야를 포괄하는 법정 기본계획

1.2. 계획의 성격

1) 항공정책 방향설정을 위한 종합 법정 계획

○ 항공정책기본계획은 항공정책 분야 전반을 체계적으로 종합하는 5년 단위 중장기 항공종합계획

2) 타 관련 계획과의 연계 및 조화

○ 국토기본법 제9조에 따른 「국토종합계획」, 교통체계효율화법 제4조에 따른 「국가기간교통망계획」, 「항공우주산업개발 촉진법」 제3조에 따른 「항공우주산업개발기본계획」 등 관련계획과 유기적 연계 및 조화

1.3. 계획의 범위

ㅇ 시간적 범위 : 2015년 ~ 2019년 (5년간)

ㅇ 공간적 범위 : 국내

1.4. 계획의 주요내용

○ 우리나라 항공부문의 현황과 문제점

○ 항공부문의 여건변화와 전망

○ 국가항공정책의 목표, 전략 및 단계적 추진과제

○ 항공분야 전반에 대한 부문별 추진계획 수립

○ 항공정책기본계획에 대한 투자계획 및 재원확보 방안

○ 항공정책기본계획의 집행 및 관리

1.5. 수립경위

○ '08. 2. : 항공법 개정으로 「항공정책기본계획」 신설

○ '10 ~ '14 : 「제1차 항공정책기본계획」 실행

○ '14. 4 ~ '15. 1 : 「제2차 항공정책기본계획 수립방안 연구」

2. 비전 및 목표

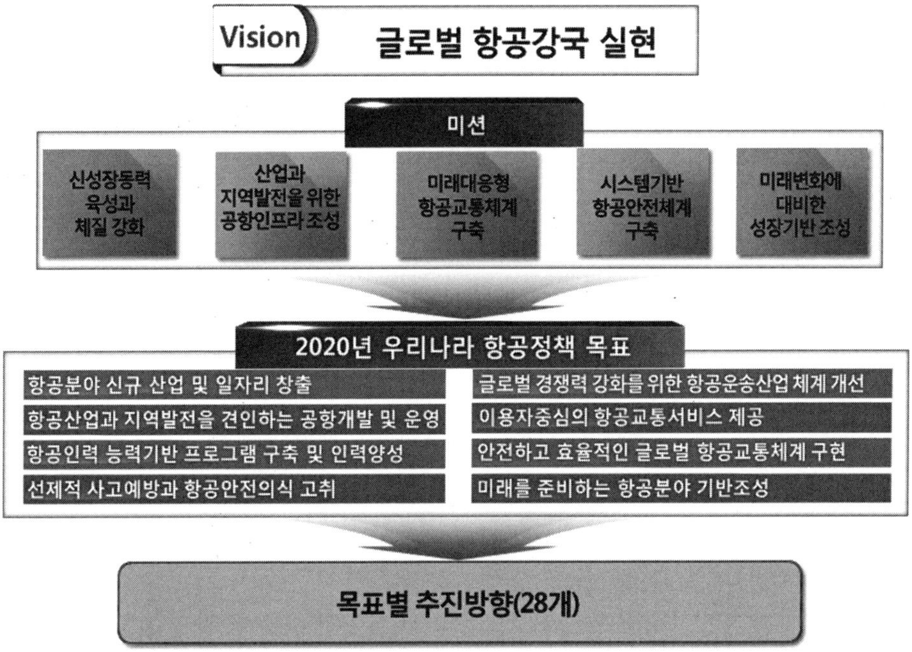

3. 항공정책기본계획 추진분야

제2차 항공정책기본계획 목표(8개)	
항공분야 신규 산업 및 일자리 창출	글로벌 경쟁력 강화를 위한 항공운송산업 체계 개선
항공산업과 지역발전을 견인하는 공항개발 및 운영	이용자중심의 항공교통서비스 제공
항공인력 능력기반 프로그램 구축 및 인력양성	안전하고 효율적인 글로벌 항공교통체계 구현
선제적 사고예방과 항공안전의식 고취	미래를 준비하는 항공분야 기반조성

4. 검토의견 작성

4.1. 분야별 건의사항 및 과제제안

1	본 계획의 각 분야(8개)에 대하여 추가되었으면 하는 건의사항 및 추진과제를 자유롭게 기술해 주십시오.

- 전체적으로 항공정책의 환경변화에 따라 항공정책의 패러다임 전환이 필요하다는 인식에 공감합니다. 제1차 항공정책기본계획에서 "공급자 중심의 항공정책"이 제2차에서 "이용자 중심의 정책"으로 전환한다는 기본적 취지는 이해하나, 다소 간의 논란의 소지가 있는 표현으로 사료됩니다.
  - 항공운송은 국제간의 이해관계가 복잡하며, 국적 항공사를 우선하는 것을 국익으로 보고 운송노선과 공급규모 등을 제한하는 등 국적항공사 보호 육성을 정책 기반으로 삼고 있는 것이 현실입니다.
  - 항공교통 이용자 보호와 편리한 항공교통서비스 제공을 위해서도 국적 항공사가 경쟁력을 갖추도록 지원하고, 육성하는 것이 중요하며, 이것이 과소평가되어서도 문제가 될 수 있습니다.(글로벌 경쟁력 강화를 위한 항공운송산업 체질 개선 항목 관련성)

- 능력기반 항공인력 양성 프로그램 관련
  - 항공전문인력 육성은 운항, 정비 등 기술인력 양성에만 중점이 두어져 있습니다. 우리나라가 세계 6위권의 항공운송 강국으로 성장하였으며, 향후 발전 전망을 볼 때, 항공영업, 항공운송서비스 전문가 육성도 새로운 과제가 되어야 할 시점입니다.

- 글로벌 경쟁력 강화를 위한 항공운송산업 체질 개선 및 항공산업과 지역 발전 관련

1) 항공과 관광의 연계성 관련

- 항공정책은 국제적, 전통적으로 규제적인 입장을 취하여 왔습니다. 이는 국제간의 협상의 산물입니다. 자국적 항공사 보호가 국익이기 때문입니다.
- 관광정책은 이에 반하여, 국적 여부를 따지지 않고 항공 공급이 많을수록 유리합니다. 따라서 항공정책과 관광정책 간에 상쇄효과(trade-offs)가 발생합니다. 이를 위해 항공과 관광의 정책 실시에 따른 손실과 수혜(특히, tourism benefits) 측정이 필요합니다.

2) 국가 및 지방정부 관광 정책의 입장

외래 방문객은 운항노선 및 운항빈도의 증가에 따라 확대되므로, 항공정책의 규제적 성격과는 상반됩니다.

- 1960-70년대 스페인 정부 항공-관광 정책 사례를 참고할 수 있습니다. 자국의 관광산업 진흥을 위해 북유럽 부국(영국, 독일) 관광객 유치를 위해 자국적 항

공사의 이익에 반하여 유럽발 전세기를 통해 관광수요를 적극적으로 확대하였습니다. 장기적으로는 국적항공사도 늘어난 관광수요로 인해 수혜를 입게 되었습니다.
- 국가 및 지방 정부의 관광수요 개발과 촉진을 위해서는 부정기편(전세기), LCC 등을 활용하여, 적극적으로 항공공급을 확대할 수 있는 중국, 일본, 동남아 등 수요원이 있습니다.

3) 지방공항 활성화 관련
- 지방의 거점공항과 인근 소규모 공항 인프라를 상호 활용하는 제도적 지원이 필요합니다.
  인근 공항의 유휴 인력, 시설과 설비를 상호 활용하는 것이 육상교통 인프라의 개선으로 가능하게 되고 있습니다.

4.2. 추가 건의사항 작성

2	제2차 항공정책기본계획 수립과 관련한 건의사항, 정부 정책방향, 관계기관의 애로사항 등을 자유롭게 기술해 주십시오.

• 인천공항 환승객 유치 관련
- 인천공항은 중국과 일본의 지방 출발 미국 및 유럽행 수요를 유치하여 6수요를 지속적으로 확대해 왔으나, 동 국가발 직항편의 확대 등의 사유로 감소세로 전환하고 있습니다. 환승객 유치 확대는 공항공사의 노력 보다는 가장 기본적으로 국적 항공사의 노선구조와 노선관리 정책에 큰 영향을 입고 있습니다. 아울러 공항공사의 수속편의, 편익시설, 면세점, 볼거리 등의 확대제공이 고객유치에 어느 정도 영향이 있을 것이나 근본적인 것은 노선구조에 기인합니다.
- 환승수요는
  (1) 미국과 중국·일본 지방도시 및 동남아 도시,
  (2) 유럽과 중국·일본 지방도시 및 동남아 도시
  (3) 유럽과 대양주
  등에서 발생합니다. 〈런던-인천-시드니〉 구간의 경우, 〈런던-홍콩/싱가폴/방콕-시드니〉 노선과 경쟁할 때, 항공사가 3-4 수요가 많다면, 6수요에 관심을 두지 않게 됩니다.

• 김포공항의 국제선 확대와 항공사(KE, OZ) 관련
- 인천공항의 개항에 따라 국제선을 인천공항으로 집중하였으나, 고객편의 및 일본 동경의 하네다(HND)공항 국제선 확대 등에 대한 대응 문제로 국제선 확대를 검토하게 되었습니다.
- 이에 대해서는 인천공항공사와 국적항공사(KE, OZ)는 반대 입장일 것입니다. 아울러 김포공항 인근 주민도 환경소음 등으로 반대입장이 많을 것으로 추정합니다.

- 영국 런던(LHR, LGW 등)과 일본 동경(NRT, HND), 프랑스 파리, 미국 뉴욕 등의 도시도 수개의 공항이 공존하고 있습니다.
- 이를 위해서는 손실-편익 분석을 통해 국제선 확대 검토가 필요한 것으로 판단합니다. 김포공항의 국제선 확대가 필요하다면 국적항공사(KE, OZ)의 자회사인 진에어와 에어부산과의 상호 연계성 방안을 적극적으로 검토하도록 하여 해결할 수 있겠습니다.

• 바람직한 항공문화 조성 관련
- 항공사의 대고객 서비스 약관 등에 대한 항공사 중심적 조항에 대해서는 소비자 및 사용자 보호 차원에서 그간 많은 관심을 보여 왔습니다. 이와 함께 DBC(Denied Boarding Compensation)제도 등에 대해서도 관심이 필요합니다.

DBC(Denied Boarding Compensation): 항공 좌석 예약 후 탑승하지 않는 고객 발생을 대비하기 위해 일정한 범위 내에서 초과예약(overbooking)을 하게 되며, 이에 수반하여 발생할 수 있는 확약 후 미탑승 고객에게 일정액의 보상금을 지급하는 제도를 의미합니다. 이는 항공사 및 고객 모두에게 기회를 제공한다는 의미에서 서구 사회에서는 보편화되어 있으나, 우리나라에서는 아직 문화적으로 수용되지 않고 있는 실정입니다.

[참고자료] 제1차 기본계획 추진목표 및 방향

가. 계획의 목표

나. 추진전략

〈 정책목표 〉	〈 추진방향 〉
항공운송의 글로벌 경쟁력 강화	• 글로벌 경쟁력 제고를 통한 시장주도력 강화 • 저비용항공사(LCC), 일반항공(GA)운항 활성화 • 미래 대응력 있는 정책수립을 위한 기반 재정비
효율적인 공항체계 구현 및 운용	• 인천공항의 Hub 기능 공고화 • 미래 항공교통에 대비한 공항체계 정비 • 공항 운영의 효율화
사전 예방적 안전관리와 항공보안 선진화	• 항공안전체계의 고도화 • 차세대 항행시스템 기술개발 및 구축 • 항공교통관리체계 효율화 • 항공보안 역량 강화 및 보안시스템 구축
항공산업의 다양화 및 전문인력의 체계적 육성	• 항공기정비업 및 항공물류의 경쟁력 강화 • 첨단항공기 안전기술 선진화 추진 • 항공기 인증시스템 선진화 추진 • 항공인력의 체계적 육성 및 전문성 제고
국제위상 강화 및 이용자 중심의 친환경 정책 촉진	• 국제항공에서의 글로벌 리더십 확대 • 항공부문 저탄소 녹색성장 추진 • 항공이용자 중심 항공서비스 제공 • 공항주변 환경의 개선

다. 세부 추진과제

추진방향	중점추진 과제
□ 항공운송의 글로벌 경쟁력 강화	
• 글로벌 경쟁력 제고를 통한 시장 주도력 강화	• 선제적 항공자유화 추진 • 국제 항공네트워크 "1.2.4" 전략 추진 • Great Eastern Bloc 구축
• 저비용항공사(LCC), 일반항공(GA) 운항 활성화	• 저비용항공사(LCC) 운항 활성화 • 일반항공 활성화 기반 구축
• 미래 대응력 있는 정책 수립을 위한 기반 재정비	• 국내·외 항공운송 동향분석 강화 • 항공운송협정 정보통합 시스템 구축
□ 효율적인 공항체계 구현 및 운용	
• 인천공항 Hub 기능 공고화	• 인천공항 인프라 확충 • 인천공항 운영 효율성·투명성 강화 • 공항 복합도시 개발
• 미래 항공교통에 대비한 공항체계 정비	• 공항별 운영방향 재편 • 항공여건 변화에 대응한 신규공항 개발 • 소형항공기 운항 인프라 구축
• 공항 운영의 효율화	• 공항운영의 경쟁체제 구축 • 공항 운영 효율성 및 다양성 제고 • 공항운영 등급제 도입
□ 사전 예방적 안전관리와 항공보안 선진화	
• 항공안전체계의 고도화	• 안전관리시스템의 내실화 • 자율적 안전관리 기반 조성 • 중장기 항공안전전략 수립
• 차세대 항행시스템 기술개발 및 구축	• 차세대 항공통신시스템 개발 및 인프라 구축 • 위성항법시스템 개발 및 인프라 구축 • 항공감시용 ADS-B 핵심기술 개발 및 구축 • 항공관제용 통합정보처리시스템 개발 및 구축
• 항공교통관리체계 효율화	• 국가 공역체계 개선계획 마련 • 전자 항공정보관리체계 구축 • 병목지역 관제절차(Tie Point Control) 개발 추진

추진방향	중점추진 과제
• 항공보안 역량 강화 및 보안시스템 구축	• 국가항공보안관리체계(SeMS) 내실화 • 항공보안 운영체계 개선 • 선진 항공화물 보안체계 구축 • 항공보안교육체계 강화
□ 항공산업의 다양화 및 전문인력의 체계적 육성	
• 항공기정비업 및 항공물류의 경쟁력 강화	• 항공기정비업의 전략적 육성 • 항공물류산업 중장기 발전전략 수립
• 첨단 항공안전기술 선진화 추진	• 첨단 항공안전 제작기술 국산화 • 항공 사고예방 안전장비 기술의 국산화
• 항공기 인증시스템 선진화 추진	• 항공인증기술의 인프라 선진화 추진 • 항공안전협정(BASA)의 확대 추진
• 항공인력의 체계적 육성 및 전문성 제고	• 일류 조종사 양성을 위한 비행교육훈련원 설립 • 항공 전문인력의 체계적 양성 • 국내외 항공 인턴쉽 사업 추진 • 항공전문성 강화를 위한 자격취득제도 개선
□ 국제위상 강화 및 이용자 중심의 친환경 정책 촉진	
• 국제항공에서의 글로벌 리더십 확대	• ICAO 활동강화를 통한 글로벌 리더쉽 발휘 • 다자간 국제협력 강화 • 개발도상국 지원사업 확대
• 항공부문 저탄소 녹색성장 추진	• 항공분야 저탄소 녹색성장 중장기 계획 수립 • 항공부문 온실가스 배출량 관리시스템 구축 • 항공부문 온실가스 자발적 배출량 감축협약 추진
• 항공이용자 중심 항공서비스 제공	• 공항절차 효율화를 위한 여객프로세스 개선 • 항공이용자 중심 정보서비스 제공 • 항공 민원처리의 효율화
• 공항주변 환경의 개선	• 공항 소음방지 및 소음대책사업 추진 • 공항 탄소발생 저감 등 신재생에너지 확충 • 항공기-조류충돌 예방대책 수립 시행

12

공항 다국어 자동안내시스템 사업타당성 연구보고 관련 의견

* 본 자료는 항공운송서비스 향상을 위해 xxx에서 전략적으로 추진 중인 공항 다국어 자동안내시스템 사업타당성 연구보고에 대한 자문의견 자료에서 전재합니다(2013년 10월).

공항 다국어 자동안내시스템 사업타당성 연구보고 관련 의견(2013년 10월)

김병헌(한국관광대학교 관광경영과 교수/학과장,
한국관광진흥학회 회장)

동 사업 타당성 연구용역 보고 자료(2013년 10월 x일자 제공) 관련하여 다음과 같이 의견을 드립니다.

다 음

1. 사업 추진관련 종합의견

동 사업추진 용역 중간보고(1 차)시에 언급한 바와 같이 동 사업은 창의경제시대 공기업으로서 시의성이나 고객만족 경영 측면에서 적절한 과제로 판단합니다.

2. 연구 보고서의 내용과 관련한 의견

2.1. 시범설치 및 효과 분석 관련

현재 기존시스템이 여러 제약이 있으며, 제공 언어가 한국어, 영어, 중국어, 일본어로 되어 있으며, 신규 시스템은 한국어, 영어, 해당국어로 예정되어 있습니다. 설문조사 공항 및 설문 대상자 관련입니다.

- **김해공항**에서 총 343명을 대상으로 하였으며, 그중 대만 및 중국인이 124명

으로 65%를 점유하고 있음. 여타 국가로 태국 28명(8%), 필리핀 32명(9%), 베트남 22명(6%), 러시아 37명(11%)로 나타나 실질적 영어권인 필리핀인을 제외하면 기타 외국어 사용자는 26% 수준에 불과한 실정으로 분석효과가 적을 수 있다고 봅니다.

- **김포공항**은 174명 중 대만 50명(29%), 중국 124명(71%)로 모두 중국인 승객으로 상기와 같이 판단합니다.

2.2. 설치 지역 세분화 분석

설치 지역을 입국장, 출국장, 환승지역, 이용객 이동지역 등으로 분류하고, 각각 세분하여 분석을 시도한 점을 높게 평가합니다. 공항의 출입국에서 고객 동선의 흐름과 공항 시설의 배치에 따라 효과가 다를 수 있으므로 차후 광고료 수준 등의 설정에 있어서 차별화가 가능할 것입니다.

2.3. 경제성 분석

경제성 분석을 기존 공항과 신설 공항으로 구분하여 분석한 점은 당연하며, 다음 사항을 참고할 필요가 있습니다.

1) 경제성 분석의 종합

동 연구에서 기존 설비 대비 신규 설비의 투자비용과 운영비를 중심으로 ①비용절감 효과와 ②광고수익 효과를 합산하여 경제성 분석을 하였습니다. 이는 경제적 효과를 보수적으로 추계한 것으로서 최소한의 현실적인 비용-수익만을 고려한 면에서 나름의 의미가 있습니다. 본 사업의 성격상 통상적인 비용-편익 분석(cost-benefit analysis)모형에서는 편익의 내용 상 고객 편의도(만족도, 이미지 제고) 등의 증진도 고려하게 됩니다. 이는 현실적으로 계량화하기는 어려우나 본 연구에서 집계한 효과 보다는 전체적 편익이 더 크다는 점에서 긍정적입니다.

2) 자료상에 일부 표기 오류

경제성 분석 항목 중 "신설 공항"의 경우 도식에서, "초기 투자비용 절감수익"으로"155,000,000원 증가"로 표시되어 있으나, 이는 "초기 투자비용 증가액"으로 표기되어야 할 것으로 봅니다.

2.4. 사업 전략 및 해외진출 전략

동 시스템 "다국어 자동안내 시스템"은 각 공항의 공항정보 시스템과 연동 내지 연계성이 필요하므로 제안된 해외 진출 전략에 대체적으로 공감하며, 다음 (2),(3)사항을 고려할 필요가 있습니다.

1) 해외 진출 국가 모색 관련 보고서 제안 내용

동 연구보고에서 언어의 다양성이 있는 국가, 전략적 협력국가, 전략적 진출국가로 구분하고 있습니다.

- 언어의 다양성 관련국가
- 전략적 협력국가: 필리핀, 베트남 등 해외개발원조 대상국
- 전략적 진출국가: 터키, 태국, 필리핀, 인도네시아 등

상기 구분에서 진출 국가 선정에서 주로 개발도상국을 대상으로 제안하고 있습니다.

2) 해외 진출 과정

1차적으로 국내 공항에서 정착하고, 해외의 저개발국 중심으로 진출한다는 전략에서 보다 적극적으로 확대 추진하는 방안을 검토할 필요가 있겠습니다.

- 국가의 중심공항(hub airport)은 트래픽이 많으며, 이에 따라 고객 동선이 전반적으로 혼잡합니다. 그러므로 설치 장소 확보 문제 등에서 애로가 발생할 수 있습니다. 그러므로 저개발국 중심 진출과 동시에 선진국의 지방

공항을 목표시장으로 삼아 동시에 진출을 모색하는 것이 바람직할 것으로 판단합니다. 연구들에 의하면 각 국가 내에서도 지방정부의 지방공항 활성화 방향이 국가 전체적 입장과 차이가 있으며, 상호 경쟁적인 관계로 분석되고 있습니다.

3) 해외 진출 국가

현재 제안된 국가들은 주로 동남아 국가와 터키 정도입니다. 공항의 트래픽 규모가 비교적 크며, 관광시장 개발에 적극적인 국가들이 대상이 될 수 있습니다. 중심공항에의 진출이 어려우면, 지방공항을 접촉하는 방안이 현실적인 대안이 되겠습니다. 급격하게 발전하고 있는 IT(information technology) 환경에 비추어 단계적, 순차적 접근법을 모색하면 실기할 수 있습니다.

2.5. 아웃소싱 관련

자체 역량으로 동 사업을 추진하기에는 많은 요소에 대한 제약이 함께 할 것입니다. 핵심적인 역량은 공사가 보유하되 전문적인 업체를 활용하는 방안을 제안한 동 연구에 공감합니다.

감사합니다.

저/자/소/개

김병헌

(金炳憲, Kim, Byung-Hun)

1. 직업 및 현재 직무

한국관광대학교 관광경영과 교수(학과장 및 교학처장 역임)

학회 활동	한국관광진흥학회 회장(관광진흥연구 발행인)
	한국항공경영학회 이사(항공-관광 분과위 담당)
포럼 활동	한국항공정책포럼(정회원)
	동북아경제협력포럼(운영자문위원장)
연구원 활동	한국항공대학교 경영연구소 연구위원
	한국항공전략연구원 전문위원
일반 활동	고용노동부/한국산업인력공단 NCS여행서비스 학습모듈 개발진
	이천시 규제개혁민간자문단 위원
	이천시 도시계획위원회 부위원장
	바르게살기운동 용인시협의회 자문교수

2. 학력 사항

학교명	학위명
한국항공대학교 대학원 경영학과 박사과정 졸업	경영학 박사(항공·관광 e서비스)
서울대학교 경영대학원 KEDP(한진임원 MBA) 수료	KEDP과정수료(한진 임원 MBA과정)
인하대학교 경영대학원 교통학과 졸업	경영학 석사(관광서비스 마케팅)
서울대학교 사범대학 국어교육학과 졸업	학사(문학사)

3. 경력 및 자문 사항

기관 및 업체명	담당 업무	경력기간	
한국관광대학교	교수(학과장 및 교학처장 역임)	2008년 3월	현재
한국관광진흥학회	회장	2013년 2월	현재

기관 및 업체명	담당 업무	경력기간	
이천시	위원(이천시 규제개혁민간자문단)	2014년 4월	현재
	부위원장(이천시 도시계획위원회)	2014년 7월	현재
	위원(이천시 도시계획위원회)	2010년 7월	2014년 6월
고용노동부/ 한국산업인력공단	NCS(국가직무능력표준) 여행서비스 분야 개발진(교육훈련전문가)	2013년 7월	2013년 12월
정부 부처/기관	민간 자문교수(지방공항 활성화)	2013년 7월	2013년 8월
토파스여행정보㈜	상무이사	2006년 1월	2007년 12월
㈜대한항공	런던; 진주, 모스크바, 수원 등 지점장	1989년 3월	2005년 12월
	교육원 및 영업본부 등 근무	1977년 8월	2005년 12월
육군제3사관학교	교수부 교관(교양학처 전임강사)	1975년 6월	1977년 6월

기관명	직위	활동기간	상임/ 비상임	주요역할
한국관광진흥학회	회장	13.02~현재	-	관광진흥연구 발행인
한국항공정책포럼	정회원	13.05~현재	-	정책자문
동북아경제협력포럼	운영자문 위원장	14.05~현재	-	포럼운영
한국항공대학교 경영연구소	연구위원	08.09~현재	-	경영연구
한국항공 전략연구원	전문위원	12.09~현재	-	전략연구
고용노동부/ 한국산업인력공단	전문위원	13.06~13.12	비상임	국가직무능력 표준개발 (여행서비스부분)
이천시 규제개혁민간자문단	자문위원	14.04~현재	비상임	규제개혁민간자문
이천시 도시계획위원회	부위원장	14.08~현재	비상임	이천시도시계획(관광분야)
한국여행업협회	-	-	비상임	일학습병행프로그램 여행서비스 인증/평가 개발 자문 교수
한국관광공사	-	-	비상임	사내 여행사 입찰 선정 평가 위원장
한국여행업협회	-	-	비상임	여행사 친화적항공사 평가 자 문교수
한국표준협회	-	-	비상임	우수여행상품 평가 자문교수

4. 저서

국내여행안내1, 한국관광대학교, 2014.
국내여행안내2, 한국관광대학교, 2014.
국외여행인솔실무, 한국관광대학교, 2014.
국외여행행사진행 및 위기관리, 한국관광대학교, 2014.
항공여객 발권실무, 기문사, 2013.
국외여행인솔자 Tour Conductor 업무론, 백산출판사, 2012.
항공여객 예약실무(2인 공저), 기문사, 2011.

관광학 세미나

2016년 1월 15일 초판 1쇄 인쇄
2016년 1월 20일 초판 1쇄 발행

지은이 김병헌
펴낸이 진욱상 · 진성원
펴낸곳 백산출판사
교 정 편집부
본문디자인 박채린
표지디자인 오정은

저자와의 합의하에 인지첩부 생략

등 록 1974년 1월 9일 제1-72호
주 소 경기도 파주시 회동길 370(백산빌딩 3층)
전 화 02-914-1621(代)
팩 스 031-955-9911
이메일 editbsp@naver.com
홈페이지 www.ibaeksan.kr

ISBN 979-11-5763-134-6
값 15,000원